DU GANGE
AU FLEUVE ROUGE

RÉCITS ANECDOTIQUES

PAR

Mme C. AMÉRO

PARIS
LIBRAIRIE D'ÉDUCATION A. HATIER
33, QUAI DES GRANDS-AUGUSTINS, 33

Tous droits réservés

BIBLIOTHÈQUE ANECDOTIQUE
ET LITTÉRAIRE

DU GANGE AU FLEUVE ROUGE

Format petit in-8. — 1re série

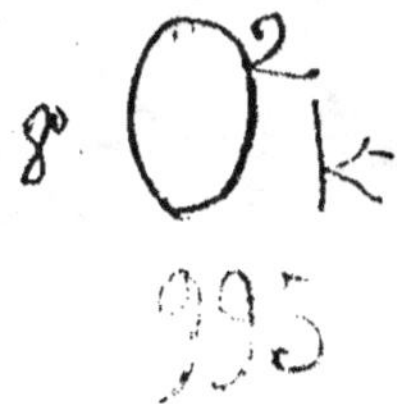

Soudain l'enfant disparaît... (Page 42).

DU GANGE
AU FLEUVE ROUGE

RÉCITS ANECDOTIQUES

PAR

Mme C. AMÉRO

PARIS

LIBRAIRIE D'ÉDUCATION A. HATIER

33, QUAI DES GRANDS-AUGUSTINS, 33

DU GANGE AU FLEUVE ROUGE

A TRAVERS L'INDE

I

LES VOLEURS INDOUS

L'Inde devient aujourd'hui plus intéressante que jamais à bien connaître. Asservie par la conquête anglaise, réduite à ne plus compter dans son sein que des sujets subjugués, à ne voir dans ses princes que des tributaires sans aucune indépendance, elle est tombée à un profond degré de prostration.

Dans un tel pays, il devait se faire un travail mystérieux et silencieux de résistance à ses dominateurs. C'est surtout dans les rangs inférieurs de la population que ce travail s'accomplit. Là, souvent, ce qui reste de vitalité

se traduit par des actes coupables. Il est re-
grettable, par exemple, qu'une des plus grandes
manifestations de la vie sociale soit donnée par
des gens sans aveu.

Le fanatisme aidant, chez un peuple où le
meurtre est parfois exalté comme une pratique
religieuse, et où une secte farouche fait de
l'homicide sa doctrine fondamentale — nous
voulons parler des *thugs* — le vol peut même,
dans certains cas, être considéré comme une
vertu.

La société indoue, qui a des castes ouvertes
pour tous les métiers, devait nécessairement
avoir aussi des castes pour les voleurs. Dans
ces castes, les enfants sont élevés à considérer
le vol comme une attribution faisant partie de
leur patrimoine ; et l'on dirait que l'hérédité
est favorable chez eux au développement de
l'adresse et de la ruse. Il y a dans l'Inde des
castes plus connues par leurs habitudes invé-
térées du vol, que ne l'ont jamais été en Europe
les Bohémiens — qui, soit dit en passant, sont
d'origine indoue.

En dehors de ces castes, s'il faut en croire
un Anglais, M. Bringham, qui a rempli les
fonctions de juge dans le Schahabad, la presque

totalité, les quatre cinquièmes de la classe du peuple dans l'Inde « se composent des plus honteux vauriens que la terre ait jamais portés.

. « L'improbité, ajoute ce magistrat, n'est pas, dans l'Inde, réputée criminelle par la population ; elle ne l'est pas aux yeux des camarades du drôle jusqu'au moment où quelque tribunal le condamne. Même alors, il n'est pas exclu de la société ; on reconnaît seulement qu'il est un sot de s'être laissé découvrir. A cela près, il conserve dans le monde le rang qu'il occupait auparavant ; en même temps, d'autres fripons plus coupables, mais non condamnés, rient de sa sottise et se montrent eux-mêmes comme un exemple digne d'être imité. »

Ce proverbe : « Un voleur en fait naître cent », n'est nulle part aussi vrai que dans l'Inde.

Quand un voleur a effrayé par ses méfaits la population d'une province entière, quantité de Sosies surgissent de toutes parts pour commettre, sous le couvert de son nom, des crimes qui viennent augmenter le passif du brigand qui répand la terreur.

Alors les magistrats reçoivent de nombreuses plaintes marquées de cette exagération propre aux Indous.

Tout plaignant arrêté et dévalisé par un ou deux voleurs, a toujours été attaqué, à l'en croire, par une centaine de bandits. C'est un moyen de dissimuler son peu de courage et d'éveiller l'attention des gens de police ; mais ce moyen atteint rarement son but.

Un des premiers effets de la révolte contre les Anglais, en 1858, qui a rendu célèbre l'insaisissable Nana Sahib, fut d'arracher aux prisons des provinces insurgées les condamnés et les accusés qui s'y trouvaient enfermés ; près de trente mille malfaiteurs furent mis en liberté par les insurgés. La rébellion étouffée, on en reprit le sixième, que l'on réintégra dans les prisons rebâties ou réparées. Quelques-uns qui s'étaient joints à leurs libérateurs, avaient péri les armes à la main, d'autres étaient morts de misère après la défaite ; le plus grand nombre alla fortifier l'armée du vice et tient peut-être encore campagne.

Outre les voleurs de caste et de profession, il n'est pas rare de voir des paysans ou des industriels s'assembler au nombre de huit ou dix pour attaquer, à la faveur de la nuit, l'habitation de quelque riche voisin.

Ils ne se bornent pas à emporter ce qu'ils

Il y introduit un bâton... (Page 12.)

trouvent; ils soumettent à la torture le maître
du logis, sa femme, ses enfants, dans l'espoir
de découvrir en quel endroit de la maison est
caché l'argent, ou pour leur arracher une ran-
çon; semblables en cela à ces chauffeurs qui,
à la fin du dernier siècle, épouvantèrent l'est
et le midi de la France.

Chose curieuse! durant le jour, ces bandits
exercent ostensiblement quelque métier paisible, se livrent à quelque travail honorable.

Souvent, ces associations de malfaiteurs
agissent sous la protection d'un zémindar,
qui reçoit sa part du butin. Celui-ci, sorte de
fonctionnaire, à qui des droits de la Couronne
sont affermés, use, en retour, du crédit que lui
donne sa haute position sociale, pour tirer d'af-
faire les associés sur lesquels planent des
soupçons ; il vient à leur aide, tantôt en su-
bornant de faux témoins afin d'établir un alibi,
tantôt en corrompant les agents subalternes
de la police, et même, s'il le faut, en intimi-
dant les témoins qui pourraient fournir des
charges accablantes. Ces sortes d'associations
sont surtout célèbres au Bengale sous le nom
de Dacoïts.

On a surpris des brahmanes qui, loin d'user

de leur influence pour réfréner de tels désordres, avaient trempé dans les plus criminelles machinations.

On raconte même qu'un riche brahmane des environs de Calcutta fut accusé d'avoir fait enlever et amener chez lui, pieds et poings liés, un de ses voisins, objet de sa haine, et de l'avoir fait étrangler devant un autel de la déesse Kali, en observant, au préalable, les rites prescrits pour certains sacrifices d'animaux immondes.

On sait combien les Indous savent étonner, lorsqu'ils font montre de leur merveilleuse puissance dans des tours de magie qui tiennent du prodige, et sont demeurés inexplicables pour les moins sceptiques Européens. Ils se montrent de même très dangereux, mais en même temps d'une habileté extrême, lorsqu'ils dirigent leur esprit vers le mal.

Il n'y a certainement en aucun pays du monde des voleurs qu'on puisse comparer aux voleurs indous pour les combinaisons ingénieuses, la dextérité, la patience extraordinaire, la persévérance, la merveilleuse audace avec laquelle ils exécutent leurs inventions, parfois au milieu des circonstances les plus périlleuses.

Les uns s'introduisent dans une maison sans qu'on puisse savoir par où ils sont entrés. D'autres creusent des galeries souterraines, percent des murailles...

Parmi ces derniers nous voyons, par exemple, deux voleurs qui « travaillent » ensemble ; l'un se met en sentinelle, tandis que l'autre, le plus adroitement du monde, pratique à travers le mur de l'habitation, un trou assez large pour y pouvoir passer. Lorsqu'il a achevé cette ouverture, il y introduit un bâton enveloppé d'une motte de gazon, imitant grossièrement une tête humaine avec des cheveux ébouriffés. Cela lui permet de s'assurer si les habitants se tiennent sur le qui-vive, car il arrive que le maître du logis, ayant entendu le bruit occasionné par le percement du mur, se poste silencieusement à côté du trou, armé d'un sabre ou d'un gourdin, pour en asséner un coup sur la tête du voleur, aussitôt qu'il apparaîtra de son côté.

La fausse tête est-elle, selon les prévisions, attaquée à l'intérieur ? le voleur lâche tout, et s'échappe de toute la vitesse de ses jambes. Dans le cas contraire, il s'insinue à travers la brèche, dérobe tous les objets sur lesquels il peut mettre la main, et revient partager son butin avec son complice qui a continué de faire le guet.

D'autres voleurs, moins criminels au premier abord, dérobent tout autant d'argent que les voleurs par effraction. Ceux-là dissimulent dans leur bouche un couteau minuscule dont la lame a le tranchant du rasoir. Ils fréquentent les bazars, mêlés à la foule qui circule entre les comptoirs des mercières et des marchands de bijoux. Ils visent à s'emparer de l'argent contenu dans la ceinture des promeneurs.

D'un coup de leur petit couteau, ils fendent adroitement les vêtements, enlèvent sans le moindre bruit les espèces sonnantes et se glissent ensuite au plus épais des groupes, où il devient bientôt impossible de les découvrir. Ils agissent absolument comme nos coupeurs de bourses, mais, s'il se peut, avec plus de dextérité. L'idée de tenir à la bouche la lame dont ils doivent se servir leur appartient en propre.

Les plus ingénieux et plus hardis parmi ces voleurs sont ceux qui pénètrent dans les zénanas, — c'est la partie de l'habitation des Indous opulents réservée aux femmes. Ils visent à

s'approprier leurs bijoux. Comme le lecteur
s'en doute bien, les appartements des femmes
sont dans la partie la plus retirée de la demeure,
et si bien gardés, qu'il n'y a pas à prendre un
surcroît de précautions pour les joyaux précieux et les tissus de prix dont les femmes se
parent avec complaisance, et qu'elles con-
servent auprès d'elles.

Le voleur sait donc bien ce qu'il fait lorsqu'il cherche à pénétrer dans la zénana.

Il creuse un trou dans la terre, au dehors
des murs de la maison, ébauche une galerie,
et chemine souterrainement jusqu'à ce qu'il
soit sûr d'être arrivé sous le plancher de la
zénana. Alors, avec toutes sortes de précautions, comme l'on pense bien, il travaille à
sortir de terre et pénètre dans les appartements
des femmes.

Mais, même en réussissant dans cette première partie de son entreprise, il lui reste
encore beaucoup à faire : il y a là, sous ses
yeux, des ceintures et des écharpes de Bénarès
lamées d'or, terminées par des grappes de
pierres précieuses, des turbans surmontés
d'aigrettes, de rubis et de saphirs, des rubans
d'or et d'argent, des broderies qui rivalisent

par la fantaisie avec les arabesques de l'Alhambra, des boucliers d'argent portatifs servant de
miroir aux jeunes filles...

Un autre voleur s'en contenterait : mais lui
se croirait déshonoré. Ce qu'il lui faut, ce sont
les anneaux de nez, les bagues, les bracelets
doubles, les colliers d'or massif avec des
franges de même métal que les femmes endor-
mies ont gardé comme parure de leur sommeil. Il tentera donc de faire preuve d'une
adresse qui n'a d'égale que sa témérité, en
dérobant ces richesses sans troubler le repos
ni les rêves paisibles de ces beautés.

S'il y réussit, s'enfuir après cela n'est rien.

Tel de ces subtils voleurs est capable de
commettre le larcin le plus audacieux au
milieu même d'une armée. En se dirigeant
d'après la disposition des tentes, il rampe du
côté où un officier d'un rang élevé a son pavil-
lon. Arrivé là, de son couteau il fend la toile,
et pénètre à l'intérieur sans même attirer l'attention des chiens de garde. On cite un voleur
qui pouvait marcher sur un chien sans le réveiller.

Ces gens-là tirent vanité de leurs coupables
talents ; ils ne laissent pas échapper une occa-

sion de s'en vanter impunément. Un officier anglais, à qui pendant une nuit on avait volé tout ce qu'il possédait, y compris ses vêtements, racontait le fait à un voleur qui, loin d'être surpris, se fit fort de dérober à cet officier la couverture même sur laquelle il couchait.

L'officier mit ce coquin au défi d'exécuter la chose.

Et cependant, en s'éveillant, quelques jours plus tard, l'incrédule constata que la couverture sur laquelle il s'était allongé avait disparu pendant son sommeil.

Le voleur vint bientôt après la lui rapporter, et lui expliqua comment il s'y était pris pour en venir à ses fins : il avait pratiqué de légers chatouillements sur le visage et les mains du dormeur, et amené de la sorte celui-ci à se retourner involontairement sur sa couche. A mesure qu'il remuait, le voleur imprimait de légères secousses à la couverture et peu à peu l'avait attirée entièrement à lui.

Lorsque ces voleurs se préparent à une expédition, ils quittent leurs vêtements et se frottent le corps d'huile, afin d'échapper plus aisément à l'étreinte de ceux qui voudraient s'emparer d'eux.

Il y a aussi dans l'Inde des voleurs dont l'industrie, plus modeste, est funeste aux troupeaux. Ils semblent avoir emprunté quelques-uns de leurs artifices aux Bohémiens. Comme ces derniers, ils répandent des substances vénéneuses dans le lieu où sont parqués les bestiaux. Quelques-unes des pauvres bêtes viennent sûrement à crever, et un ou deux jours après, à la première heure, les bergers se débarrassent de leurs cadavres en les jetant dehors. C'est justement ce qu'attendent les voleurs placés aux aguets : ils dépouillent les animaux et vendent leur peau.

Les moyens de répression sont très insuffisants, même depuis que les Anglais dominent dans l'Inde.

La police de chaque arrondissement est confiée à un inspecteur indigène (thanadar), qui a sous ses ordres les gardes champêtres ou *watchmens* des communes rurales de sa circonscription et, en outre, un certain nombre d'agents subalternes payés par le Gouvernement.

La plupart du temps, faute d'aptitudes suffisantes chez les Indous — surtout d'activité et de courage — cet inspecteur de police est un

mahométan; il appartient donc à une classe
d'hommes étrangère ou hostile à la grande ma-
jorité de la population. Et encore, la difficulté
de le choisir est-elle augmentée par la néces-
sité d'écarter tout exacteur ou concussion-
naire. Un *thanadar* bengalais, nous apprend
M. Campbell dans sa *Modern India*, au lieu
d'être un homme actif, aux manières militaires,
parcourant les chemins de son district sur un
ardent poney, est généralement un individu
obèse, vêtu comme un petit maître, coiffé d'un
superbe turban aux proportions exagérées ; il
redoute la marche et se fait porter à épaules
d'hommes dans un bon palanquin; il affecte
les dehors d'un magistrat judiciaire, tandis
qu'il devrait avoir l'allure prompte et déter-
minée d'un chasseur d'hommes flairant une
piste.

Si quelque crime effrayant vient répandre
l'alarme autour de lui, il commence par rédi-
ger un compendieux rapport de ce qu'il entend
dire, adressé au magistrat de qui il relève,
« appui tutélaire du faible », et dont « la for-
tune est invincible » ; il tient avant tout à se
bien dire « l'humble esclave de Sa Grandeur » ;
mais il « va ceindre ses reins », « se mettre en

campagne », déterminé à découvrir les criminels, « ou à revenir la face noircie à jamais ».

Il se disposait à suspendre son casque... (Page 23.)

Si, enfin, il se rend sur le théâtre de l'évé-
nement, et que là il ouvre son prétoire, on est
à peu près sûr, tant il a la main malheureuse,
que ce sera justement dans la maison de
l'homme qu'il lui faudrait poursuivre, qu'il ira
prendre son logement, ses conseils et ses témoins

Toutefois, il y a des veilleurs de nuit au ser-

vice des communes et des particuliers, sur la
vigilance de qui on peut compter davantage,
bien qu'ils appartiennent ordinairement à des
castes de voleurs. C'est peut-être pour cela
qu'ils font bonne garde. « Dans le Gouzerate,
dit M. Dubois de Jancigny, il y a de ces gardiens qui sont célèbres par le talent avec lequel
ils savent suivre les voleurs à la trace de leurs
pas. Dans un pays sec et pendant la belle saison, le pied d'un homme ne laisse qu'une
empreinte imperceptible aux yeux ordinaires,
et cependant ils sauront si bien la reconnaître
qu'à l'aide de ces vestiges ils poursuivront un
voleur jusqu'à des distances incroyables.

« L'un d'eux fut employé à la recherche d'un
voleur qui avait enlevé l'argenterie des officiers
d'un régiment anglais, en garnison à Kaira. Il
suivit les traces du voleur jusqu'à Ahmedabad,
à quatre ou cinq lieues de distance : là il les
perdit dans les rues populeuses de cette cité ;
mais il les retrouva à l'une des portes ; et, bien
qu'égaré pendant quelque temps par son voleur
qui, pour déjouer la piste, avait parcouru une
assez longue distance dans le lit d'un petit
ruisseau avec de l'eau jusqu'aux genoux, il
finit par le retrouver et lui reprendre les objets

dérobés à huit ou dix lieues de l'endroit où le vol avait été commis. »

Quelquefois une bande de voleurs est sérieusement poursuivie, et alors, pour échapper aux coups de fouet et à l'horrible prison, où le réduit principal appelé le cachot noir (*blackhole*) devient souvent si tristement célèbre, les voleurs mettent en œuvre toute leur science et toute leur habileté.

Un de leurs stratagèmes est tout simplement merveilleux. Les soldats de police ne peuvent espérer de les capturer à travers la jungle; mais, dans certaines plaines unies et découvertes, ils ont plus de chances ; c'est encore mieux si l'incendie, comme cela arrive, a couru à travers les prairies consumant les herbes sèches et les arbustes.

Lorsque les voleurs craignent en ces endroits d'échapper à l'œil vigilant des poursuivants, ils emploient une ruse empruntée par eux aux mœurs de certains insectes. Ils se débarrassent de leurs vêtements, les placent ainsi que leurs armes sous les petits boucliers ronds qu'ils portent avec eux, et dispersent le tout çà et là, de manière à figurer des pierres. Après cela, ils se couchent sur le sol ou se campent dans des attitudes tourmentées, de façon que leurs membres nerveux et secs prennent l'apparence de branches d'arbres dont leurs corps forment les troncs.

Dans ces positions peu commodes, mais où ils savent garder la plus parfaite immobilité, ils attendent que les soldats de police les aient dépassés, pour aller ensuite se jeter dans la jungle la plus prochaine, et délasser par une bonne course leurs membres raidis.

Avant que les Anglais eussent découvert ces étranges manœuvres, il se produisit un jour un bien singulier incident, du moins s'il faut en croire le Rév. Wood, à qui nous laissons la responsabilité de l'anecdote.

Un officier suivi d'un groupe de cavaliers était à la poursuite d'une petite troupe de voleurs Bheels, et se trouvait bien près de les atteindre. Tout à coup les fuyards disparaissent derrière un pli de terrain et, lorsque les soldats arrivent en cet endroit, les hommes semblaient s'être mystérieusement évanouis...

Après une recherche infructueuse, l'officier ordonne à ses cavaliers de mettre pied à terre à côté d'un groupe informe d'arbres morts et desséchés. La journée étant fort chaude, il enleva son casque et se disposait à le suspendre à la branche la plus proche ; mais cette branche n'était autre chose que la jambe d'un Bheel.

Le coquin partit d'un éclat de rire formidable et, se jetant brusquement sur l'officier interdit, il le renversa par terre.

Le groupe entier de ces arbres desséchés se trouva soudainement métamorphosé en grands et solides gaillards, qui se dispersèrent dans toutes les directions avant que les soldats fussent revenus de leur surprise, emportant même avec eux le casque de l'officier, comme un trophée.

II

LES HABITATIONS DANS L'INDE

A péninsule indienne, composée du Dekkan et de l'Indoustan, est aussi grande
en superficie que l'Europe, moins la Russie et
les pays situés au nord de la Baltique. Dix
nations sont répandues sur cette superficie ;
dix nations qui diffèrent entre elles par les
mœurs et les langues, autant que les nations de
l'Europe sont dissemblables sous ces rapports.

Il n'y a pas moins de diversité dans l'habitation que dans les traits de la physionomie,
dans le costume, dans les sectes religieuses.
Cette diversité s'accuse depuis la hutte en légers clayonnages de bambous recouverte d'une
toiture en feuilles de teck, qui forme l'habitation du Gound, plus qu'à demi sauvage,

jusqu'à ces charmants spécimens d'élégante architecture des palais des rajahs, où chaque motif est traité avec une parfaite délicatesse : rien n'y est plus gracieux que l'ornementation des salles intérieures dans ce style mauresque très orné qui rappelle l'Alhambra.

En général, dans les belles villes de l'ouest, les habitations offrent aux regards de solides murailles de pierre, des terrasses et d'élégantes colonnades ; mais, à mesure que l'on s'avance vers l'est, les voyageurs constatent la pauvreté des constructions. « A Mourchedabad, à Calcutta même, dit M. L. Rousselet, les habitations indigènes ne sont plus que des huttes. »

Des villes de 20 000 âmes ne présentent d'autres habitations que de misérables cabanes, rapprochées ou dispersées sans aucun ordre au milieu des champs et des jardins. Dans les villes frontières des divers États, ces constructions si humbles se groupent au pied de quelque citadelle délabrée ou d'un vieux château fort.

C'est ainsi que dans tout le Béhar les habitations, même celles des Indous aisés, ont une mesquine apparence. Les plus soignées sont couvertes en tuiles ; elles appartiennent

en général à des industriels. Pas un zémindar,
— un fermier public, nous l'avons dit, — pas
un grand propriétaire ne possède une demeure
qui convienne à son rang.

Dans cette région, les Indous emploient de
la terre pétrie ou gâchée, pour en faire les
murs de leurs habitations; quelques-unes de
leurs maisons sont en pisé, c'est-à-dire en ar-
gile mêlée de paille, ce qui donne plus de con-
sistance aux murs. Les planchers de bois sont
inconnus, et même le carrelage; on marche
sur la terre battue.

Certaines de ces maisons des régions de l'est
offrent la rare addition d'un premier étage;
mais il est si bas qu'un homme ne peut pas
toujours s'y tenir debout; l'escalier qui mène
à ce réduit incommode n'est le plus souvent
qu'une échelle. Le toit est couvert avec des
branches et des feuilles de bambou. Parfois
aussi, les murs sont bordés de paille à l'extérieur, pour les protéger contre les pluies. Une
telle maison ne dure qu'une quinzaine d'années.
Il est vrai qu'elle n'a guère coûté à édifier : de
50 à 60 francs ; 20 ou 30 francs de plus pour
celles qui ont un étage.

Quant à la région plus particulièrement pé-

ninsulaire — le Dekkan, — les huttes de terre
ou de pierre, avec leurs toits en terrasse, res-
semblent vite à des ruines. Les villages ont un
air fort pauvre. Plus au sud encore dans la Péninsule, en se servant des mêmes matériaux,
on obtient un meilleur résultat, et les murs,
peints en larges bandes perpendiculaires de
rouge et de blanc, récréent la vue en donnant
une apparence coquette à ces demeures de la
classe moyenne, ou plutôt des castes moyennes.

Partout où ils tiennent garnison, les officiers
de l'armée indo-britannique donnent leur pré-
férence à des sortes de cottages appelés bungalows, ensevelis sous les palmiers et les
hautes fougères, dans l'ombre fraîche de
jardins enchantés. Plus d'un petit rajah s'est
logé dans ces sortes d'habitations à l'anglaise, comprenant alors plusieurs bungalows
à toits plats, entourés de colonnades en stuc ;
de grandes terrasses relient entre eux les
pavillons.

Et, puisque nous parlons des bungalows,
ajoutons que le voyageur, par un contraste
fait pour lui plaire, à côté des maisons de
terre, de paille et de clayonnages, trouve sur
sa route et prend possession de bungalows ou

caravansérails d'une architecture élégante et parfois somptueuse.

Quant aux meubles et ustensiles de ménage, ils n'abondent pas dans la maison indoue. Le strict nécessaire est, chez les gens de la campagne, la natte sur laquelle on s'assied, quelques vases de terre ou de cuivre, un moulin à bras, un mortier, la plaque de fer qui sert à faire cuire le pain. Le lit, quand ce n'est pas une simple natte ou quelques poignées de feuilles sèches, se dresse chaque soir sans couvertures. La cuisine se fait au dehors sous un hangar.

Quelques meubles de plus suffisent aux plus riches, parmi ces populations rurales. Aussi bien faut-il meubler un peu les maisons qui ont un étage ou deux et une cour.

Le lit n'est pas partout aussi élémentaire. Il y a le lit confortable, bien qu'il porte encore la marque du rabot; il est garni d'un matelas, d'un drap et d'une couverture légère; celui dont le fond est fait avec des cordes rapprochées les unes des autres est plus modeste; pour celui-là, un mauvais matelas est presque du superflu: c'est pourtant le lit de la classe moyenne dans bien des provinces. Enfin, les

On tient l'un d'eux... (Page 37.)

gens de condition peu aisée se contentent d'une couchette dont le cadre et les côtés se composent de rondins bruts grossièrement fixés les uns contre les autres ; le fond est fait en cordes d'herbe ou seulement rempli de paille.

Il en est, du reste, de l'ameublement comme de l'aspect des habitations : la diversité est grande. Dans les maisons des riches, les portières sont garnies de lourds rideaux de soie, et les portes, ainsi que toutes les boiseries des appartements, sont sculptées. Le plancher est recouvert dans toute son étendue d'un épais tapis de coton, sur lequel on étend pour s'asseoir une pièce d'étoffe blanche : il n'y a pas d'autres meubles.

On couvre aussi le plancher des appartements du zénana, — qui est la partie réservée aux femmes, le gynécée, — de petits tapis en pure laine, de deux mètres sur un. Décorés de légers dessins, ils ont de brillantes couleurs, disposées dans le goût des tapis de Perse.

Il y a plus de deux cents ans, un architecte français, Augustin de Bordeux, attiré dans l'Inde par l'empereur mongol Shah Jahàn, édifiait à Agra, pour la sultane Désirée, le mausolée qui, sous le nom de Tadj-Mahal, a été mis par les Indous au rang des merveilles du monde. En ce pays, où la main-d'œuvre est cinq fois moins rétribuée que chez nous, et où les gouverneurs des provinces offraient en don les marbres les plus précieux et les pierres gemmes les plus rares, le monument, à ce qu'on affirme, ne coûta pas moins de 72 millions de francs.

L'empereur mongol donnait à son architecte 10,000 roupies par mois, c'est-à-dire 300,000 francs par année, — indépendamment d'un présent pour chaque nouvelle construction...

Quand on se rappelle qu'un Français est allé bâtir pour le Grand Mongol des mosquées, des palais et des mausolées dans un style oriental si parfait et si pur, que ses œuvres sont restées depuis deux siècles l'orgueil de l'Inde, on est moins surpris que M. Charles Garnier ait tenté, lors de la dernière Exposition universelle, de reconstituer le type de l'habitation hindoue telle qu'elle devait être trois cents ans avant notre ère.

Cette demeure nous reportait aux siècles qui virent l'avènement du bouddhisme dans l'Inde, et la création d'une multitude de petits royaumes, — de Pandya, de Chola, de Chéra, etc., — qui subsistèrent jusqu'au moment où les musulmans établirent leur domination dans l'Inde, y imposant, en outre, leur religion, leurs usages et leur goût dans les arts, substituant les mosquées et les minarets aux pagodes et aux temples antiques.

Sans que le type choisi par l'architecte de l'histoire de l'Habitation soit resté fort commun dans l'Inde moderne, il se retrouve cependant encore dans plusieurs de ses régions.

La demeure d'un riche babou de Bombay, de Gawlior ou de Lucknow, est entourée d'un jardin remarquable par ses plates-bandes de fleurs disposées en rangées de même sorte, ses massifs d'orangers et de citronniers, les bosquets où le sombre cyprès se mêle au svelte palmier; de fraîches retraites y sont ménagées contre les ardeurs de l'été par des treillis de vignes et les branches de l'arbre qui porte l'arec. Le murmure d'un ruisseau qui traverse le jardinet, ou d'une fontaine, ajoute à l'impression de fraîcheur.

La construction a des murs en stuc blanc; d'autres sont peintes en rouge foncé. Ses deux parties principales affectent la forme carrée préconisée dans l'architecture indienne, où elle se retrouve même dans des colonnes et des arcs de triomphe carrés. Des escaliers étroits et raides sont pris dans l'épaisseur des murs.

A l'intérieur, les murailles sont couvertes de peintures représentant des arbres ou des sujets mythologiques.

Dès que le soleil descend au-dessous de l'horizon, les femmes et les enfants de la famille prennent possession des balcons et des terrasses intérieures, viennent, comme on dit dans ce brûlant climat, « manger l'air » rafraîchi. C'est là que se font ou s'achèvent les toilettes, et que, dans les plus grandes chaleurs, les belles habitantes du zénana dorment en plein air, laissant ainsi s'écouler les heures les plus accablantes de la journée.

Le babou Lala Cachemirie — puisque c'est décidément chez lui que nous pénétrons — appartient au parti de la jeune Inde, et il porte le costume des réformateurs : le pantalon, la jaquette de drap ornée de quelques broderies, et la calotte à bords droits. Seuls, de lourds bracelets d'or aux poignets rappellent sa race et sa caste.

Il est en possession d'une femme et d'une
fille, sans compter un groupe de sœurs. La
bibi de céans — l'épouse — est une magni-
fique brune, généralement proclamée par un
entourage lettré « belle comme la lune, comme
le jasmin, comme la tige du lotus ». Elle ne
manque certes point de majesté, mais sans
pouvoir cependant atteindre à l'idéal rêvé par
les *Pourânas*, quand ces livres saints com-
parent la démarche de la femme « au balance-
ment d'un éléphant ou d'une oie grasse ».

Naguère encore une ombre courait sur tous
les fronts dans cet intérieur paisible : baba
Parvati, l'enfant chérie, menaçait — ô douleur ! — de n'être point demandée en mariage.
Et elle a douze ans ! Comprend-on le souci de
ses parents ! Autrefois, au moins, il était permis de se débarrasser d'une fille par un moyen
violent, lorsqu'à treize ou quatorze ans la famille humiliée ne possédait plus que cette
manière d'échapper au déshonneur. Aujour-
d'hui les expédients sont bannis, — la loi
anglaise intervient dans les questions intérieures, — mais la honte n'en subsiste pas
moins... même quand le chef de la famille se
pique de secouer les vieux préjugés.

Mais un épouseur s'est présenté, Ram-Sal, un beau garçon, remarquable par la régularité et la noblesse de ses traits, la perfection du torse, le brillant de sa peau brunie. Il est venu en personne faire sa demande selon les formes du cérémonial.

Ah! qu'il avait tardé à se déclarer, ce fiancé! Cependant baba Parvati appartient à une caste honorable; c'est une aimable jeune personne au visage ovale, très gracieux, très délicat avec son menton d'enfant, ses grands yeux bruns étonnés quand ils s'ouvrent, et rêveurs sous leurs longs cils; ses lèvres de carmin se joignent comme les pétales d'un bouton de rose près de s'ouvrir. Et, malgré la gracilité de son visage, elle a de l'embonpoint avec de la souplesse, des contours arrondis sans cesser d'être élégants. Pour tout dire en deux mots, elle est pâle, — ce qui signifie noble, — et grasse, ce qui répond à belle et riche.

Pas une jeune fille mieux qu'elle ne s'enroule plus prestement, ne se drape mieux dans la longue pièce d'étoffe destinée à former une jupe et une ceinture, car cet ajustement suffit pour l'intérieur. Pour sortir, une femme se

contente de ramener une partie de l'étoffe sur
la poitrine et les épaules. Cependant Parvati
revêt parfois une demi-jaquette sans manches,
fantaisie de coquetterie empruntée aux maho-
métanes.

Le principal plaisir de famille, c'est la danse
des bayadères ou nautches, avec accompa-
gnement de chants. Il n'est point de réjouis-
sances dans l'Inde sans les bayadères. Chez
Lala Cachemirie, on veut fêter les derniers
jours que baba Parvati doit passer au milieu
des siens.

Et les nautches ne cessent d'emplir la maison. Le soir, les danseuses bronzées, resplen-
dissantes de joyaux, exécutent leur répertoire
à la lueur des flambeaux, dans le jardin aux
grands arbres dont les allées se développent
derrière l'habitation.

Le sommeil est lourd après ces longues
séances de chants monotones et de pas comp-
tés et mesurés. Les voleurs ne l'ignorent pas
et savent en profiter, n'ignorant pas davantage
que les marchands de la ville viennent chaque
jour soumettre au choix de l'heureuse mère
de précieux bijoux et de riches étoffes, à l'occasion du mariage prochain.

Mais un rassemblement s'est formé de grand matin devant l'habitation de Lala Cachemirie.

Toute la police indigène créée par les Anglais est sur pied.

Qu'est-ce donc?

Des voleurs se sont introduits nuitamment dans la riche demeure, dans la chambre même de la fiancée. Ils ont fait main basse sur les diamants, les pierres précieuses, les perles, le corail, les châles, les écharpes de soie brodées, les tissus lamés d'or et d'argent, où l'art du brodeur a su enchâsser les ailes irisées des plus brillants coléoptères, enfin les mille bibelots réunis là par des parents heureux de marier leur fille...

Les voleurs ont passé les portes de l'infranchissable zénana. Pour parvenir à leur but, ils ont dû faire un trou au pied du mur extérieur, ce qui leur a permis, en se glissant sous ce mur, de pénétrer dans la maison.

On tient l'un d'eux, — le plus adroit de tous, — celui qui a enlevé à la jeune fille sans la réveiller les anneaux de ses pieds, de ses poignets, et même le léger cercle d'or passé dans sa narine.

Ces gens sont des Dacoïts. Ils étaient trois. Deux ont opéré une savante retraite ; le moins prudent s'est égaré dans un couloir et a été arrêté par le maître du logis, qui à cette heure le livre aux agents.

Mais le Dacoït, le haut du corps nu et frotté d'huile pour se mieux rendre insaisissable, ne s'émeut guère de sa situation. Vous pensez peut-être que par lui on va facilement s'emparer de ses complices ? Détrompez-vous. Il est infiniment plus probable que c'est lui qui, grâce à eux, sera tiré des mains de la police.

Les verroux seront de plomb et les murailles de roseau pour sa délivrance. S'il le faut, tous les Dacoïts de la région prêteront assistance au captif.

III

Il y a dans l'Inde des villes — comme Bénarès, la ville sainte des Indous — où de grandes maisons de briques à plusieurs étages se mêlent et se confondent avec une quantité innombrable de huttes de boue et de clayonnages.

Arrêtons un moment nos regards sur la merveilleuse cité. Bénarès a commencé par être une ville construite en or, dit la légende sacrée; elle est aujourd'hui la ville de marbre; car c'est d'un beau marbre blanc que sont faits les escaliers religieux, et les palais et les temples.

La ville sainte s'étage en amphithéâtre sur le bord d'un plateau qui forme un gracieux

arc de cercle, où le Gange s'arrondit avec plus
d'un kilomètre de largeur, donnant l'illusion
d'une baie tranquille.

Dominant toutes les habitations, se dresse
une incroyable accumulation d'édifices religieux et de palais : plus de mille pagodes, et
au moins trois cents mosquées.

Chaque jour, à chaque heure, un peuple
accouru de toutes les parties de l'Inde descend de l'immense amphithéâtre pour se plonger dans le fleuve sacré, avec le ferme espoir
de s'y procurer des milliers d'années de béa-
titude. Ce spectacle devient cent fois plus
animé, lorsqu'arrivent les jours solennels
annoncés par l'astrologie religieuse.

Ce qui se passe alors retiendra un moment
notre attention.

Une multitude de dévots habitants et de pèlerins attendent au bord du Gange le moment
du lever du soleil pour se plonger aussitôt
dans les eaux du fleuve sacré. Des escaliers
(gaths) aux nombreux degrés et des rampes
doucement inclinées coupent de loin en loin
une berge de trente mètres de hauteur, plus
que suffisante pour le grossissement du
volume des eaux dans la saison des pluies.

Vue de Bénarès et de la mosquée d'Aureng-Zeb.

La foule aux vêtements multicolorés qui monte et descend le long des escaliers, qui se presse sur les derniers degrés pour accomplir les rites de la purification, — non toutefois sans avoir payé une redevance de quelque menue monnaie — a les yeux fixés sur les toits, les minarets, les temples revêtus de marbres et couverts de dorures, qui surgissent au milieu des figuiers banians.

Elle guette le premier rayon de soleil qui frappera d'abord les dômes les plus élevés, les tours élégantes qui signalent les temples, et surtout les minarets de la grande mosquée qu'Aureng-Zeb, empereur de race mongole et mahométan, construisit sur le point le plus élevé de tout Bénarès, comme pour écraser les dieux de l'Inde en dominant leurs monuments.

Dans des espaces découverts, on voit, d'en bas, se mouvoir des groupes qui se détachent en lignes blanches, jaunes et ponceau sur le fond rouge des constructions. Il y a là des brahmanes en jupon blanc ; des femmes à demi vêtues, chargées d'anneaux aux bras, aux mains, aux pieds ; des cavaliers, l'arc et les flèches au dos, passant sur des chevaux teints de henné ou d'indigo ; des fakirs, badigeonnés de craie. Déjà les perroquets verts volent à grand bruit et poussent leurs cris, tandis que des bandes de singes gambadent sur les terrasses.

Pour fêter les jours solennels annoncés par l'astrologie religieuse, les taureaux sacrés — les petits taureaux blancs, à bosse et aux cornes dorées, enguirlandées de fleurs — errent librement, malgré l'heure matinale, et des éléphants bizarrement caparaçonnés font d'énormes trouées dans ces foules, sans blesser personne.

Près de l'eau qui coule avec lenteur, aux croyants Indous de Bénarès se mêlent ces pèlerins dont nous parlons. Ils sont venus de toutes les contrées de l'Inde, depuis le cap Comorin jusqu'au pays de Kachemyr. Plusieurs de ces braves gens ont voyagé en famille ; des bandes sont composées de la moitié des gens d'un village, éloigné peut-être de cinq à six cents lieues.

Volontiers, ces pèlerins ont revêtu le costume indiqué : vêtement de toile grossière teinte en orangé ou couleur d'ocre, et, dans ce cas, riches et pauvres sont confondus.

Mais on peut se douter que ceux-ci sont les

plus nombreux, car, à l'exemple des musulmans fortunés qui vont à La Mecque par procuration, les riches Indous font faire, moyennant finance, et pour leur compte spirituel, le pèlerinage à la cité sainte et les ablutions dans le fleuve sacré.

Mentionnons encore une troisième classe de dévots : ce sont ceux qui viennent puiser de l'eau dans le Gange pour la transporter à travers les pays et la vendre aux croyants pour des lustrations efficaces.

Reconnaissables à leur turban rouge, et le sabre au côté, les gardiens du fleuve maintiennent le bon ordre sur tous les points.

Un frisson court dans l'air. Soudain, quelques flèches d'or pâle frappent les tours de l'observatoire élevé par le prince de Jeypour, et cette foule reste attentive et impressionnable à la sensation de la vitesse de la lumière. Ce qui n'était qu'une blanche lueur, bientôt brille et rayonne ; le soleil se lève. Une rumeur va de groupe en groupe, mêlée d'exclamations joyeuses.

Mais que veut cet homme plus basané que les autres, et dont le regard fait mal à ceux sur qui il se pose ? Déjà il entre à l'eau ; une bande de toile entoure ses reins ; ramenée par devant, elle lui fait une sorte de caleçon de bain ; son torse osseux est nu : on dirait qu'il a avalé un tonnelet dont les cercles marquent sous sa peau ; ses bras maigres sont tendus vers sa barbe qu'il divise en deux, comme pour se donner un air naïf et bonasse, qu'il est loin d'avoir.

Tout cela n'attirerait peut-être pas encore l'attention, au milieu de cette foule étrange d'aspect et d'allures. Ce qui étonne, même les autres Indous — citadins de Bénarès et pèlerins -- c'est la singulière ceinture de l'étique personnage, une corde qui, de distance en distance, retient par le goulot d'assez grandes bouteilles.

Quelle jonglerie va donc s'accomplir dans ce pays des fakirs et des jongleurs? — On sait que les fakirs sont des religieux mahométans, qui courent le pays en vivant d'aumônes.

Des brahmanes, installés au bord du fleuve, sous de vastes parasols servant plus à les désigner qu'à les abriter contre des ardeurs peu sensibles encore, réunissent autour d'eux les dévots, pour les guider dans les formes du cérémonial et du culte à observer.

Hommes et femmes se dépouillent de la plus grande partie de leurs vêtements, et s'avancent de quelques pas dans l'eau ; ils commencent par faire au fleuve le sacrifice d'une partie de leur chevelure : chaque cheveu détaché d'une tête vaut à celui qui l'abandonne la rémission d'un péché.

C'est tentant.

Ces bruns Indous accomplissent sans qu'ils s'en doutent une sorte de confession publique, et chacun pourrait juger des remords de conscience de son voisin ou de sa voisine d'après l'entrain mis à la coupe des mèches.

Cette première manifestation satisfaite, chaque brahmane chef de groupe plonge devant ses clients sans perdre pied ; il sort de l'eau, disparaît de nouveau jusqu'aux oreilles, et lance quelques creux de main de l'élément liquide vers les quatre points de l'horizon.

Et aussitôt les fidèles, imitateurs exacts de ses gestes et simagrées, plongent et replongent avec lui.

C'est absolument édifiant. Il n'y manque que de la musique. La richesse du décor aidant, cela ferait un joli divertissement à l'Opéra.

Mais l'homme aux bouteilles fronce le sour-
cil. Il profite d'un moment de répit dans les
pratiques aquatiques des groupes les plus
proches, et, avec de grands gestes, il avance
dans le fleuve comme pour faire une « pleine
eau ». Il doit avoir perdu pied; toutefois, les
bouteilles le soutiennent, à ce qu'il semble.
Oui et non; elles ne sont pas bouchées, et
l'une après l'autre elles s'emplissent d'eau.
Alors notre homme béatement coule au fond,
emporté par le courant, tandis qu'une foule
fanatique persuadée que si, dans le Gange, le
corps du dévot Indou est perdu, son âme est
sauvée, applaudit des deux mains à cet excès
de zèle.

Et très au loin, sur l'étendue du fleuve, la
multitude occupée à son salut devine qu'un
plus hardi parmi eux tous a pris le chemin le
plus court. Et les applaudissements s'étendent
de proche en proche.

Avons-nous assisté à un suicide d'un nouveau genre? Détrompez-vous. Ce fanatique est
un voleur et un assassin, un fervent de la déesse
Bhawanie. Il s'est laissé aller au fond du fleuve,
mais il a choisi sa victime, une riche jeune fille
d'Allahabad, toute parée de bracelets de prix,

et il va revenir en nageant entre deux eaux
pour la saisir par les jambes, la noyer, l'étrangler par surcroît, et la dépouiller de ses
bijoux.

Au milieu des siens, fait ses ablutions la
belle Saghuna. Ses sœurs sont là, et aussi son
père et ses deux frères. Soudain l'enfant tré-
buche, roule, pousse un cri et disparaît. Elle
est entraînée dans un sens qui n'est pas celui
du courant. On se précipite à son secours, mais
l'eau devient profonde, ses frères doivent s'arrêter, faute de savoir nager. Les petites sœurs
pleurent, le vieux père tout pâle sous son hâle
lève les bras au ciel.

Qu'est-il arrivé? Est-ce un crocodile qui
s'est avancé si près de tant de baigneurs? Cela
s'est vu, mais d'ordinaire ces monstres se
tiennent prudemment à distance. Plusieurs
brahmanes interviennent. Loin de partager la
consternation des proches et des assistants,
ils semblent plutôt disposés à donner une
interprétation favorable du fait qui vient de
s'accomplir.

« Le fleuve sacré a choisi la plus belle, » dit
l'un d'eux au père affligé.

Et les visages s'épanouissent émerveillés;

les sourires succèdent aux larmes. C'est l'effet
d'une prédilection ! quel bonheur ! Bien sûr,
toute la famille de la belle enfant ressentira les
effets de cette faveur.

Au-dessus de Bénarès, en remontant le
Gange vers Mirzapour et à six kilomètres avant
d'arriver à cette ville, se trouve, à Benda-
chum, le triste et fameux temple de la déesse
Bhawanie : c'est là que, le lendemain, le père
de Saghuna pourrait reconnaître, aux pieds
de la statue de Bhawanie, à la faible clarté des
deux lampes qui jettent quelque lueur dans le
réduit étroit et sombre, sanctuaire de la terrible
déesse, une partie des bijoux de sa fille, appor-
tés en pieuse offrande par son assassin — qui
l'a étranglée sous l'eau.

Et peut-être cet ignorant comprendrait-il.
Nous disons peut-être.

Le crime que nous rapportons n'est pas un
fait isolé. Au dire des voyageurs, attirer au fond
de l'eau des femmes et des enfants pour leur
ravir leurs bagues, leurs bracelets, est une industrie exercée par des misérables, après un ap-
prentissage facile. Il y a plus : l'un d'eux eut la
criminelle habileté de s'affubler d'une tête d'al-
ligator pour en venir plus facilement à ses fins.

Sous ces apparences, il fit de nombreuses victimes ; mais, un jour, un véritable crocodile peu endurant sur le principe de la concurrence mit fin aux subterfuges du faux amphibie, en le coupant en deux ; et l'on eut la révélation de la chose en voyant flotter à la surface du fleuve, une tête de saurien ornée des courroies servant au noyeur du Gange à s'en coiffer.

Quoi qu'il en soit, les baigneurs n'y regardent pas de trop près. Crocodiles, étrangleurs, noyeurs peuvent accomplir leur œuvre : elle se confond avec d'autres accidents très fréquents, mais dont personne ne s'émeut, grâce à l'exaltation religieuse.

Cependant tout le monde ne peut pas périr dans le fleuve, peut-être même n'y tient-on pas autant qu'on le laisse croire ; mais un sentiment très général chez les Indous, c'est de considérer comme trois fois heureux de mourir à Bénarès. Que leurs dépouilles soient confiées au fleuve sacré, ou livrées aux flammes sur la rive, ceux qui abandonnent en ce lieu et la vie et leur corps sont assurés que leur âme pénétrera sans nouvelle épreuve terrestre dans le paradis indou.

Tout au plus, s'ils ont été de grands pécheurs, ira-t-elle animer le corps d'un brahmane vénéré, au lieu de renaître sous la forme peu séduisante d'un porc, d'un chien ou d'un vautour. Aussi, écrit M. L. Rousselet, ce bonheur est-il envié de tout Indou orthodoxe.

« Les gens riches, à l'approche d'une maladie grave, accourent à Bénarès dans l'espoir d'achever leur existence aux portes du paradis. Ceux que la mort surprend, sont transportés dans la cité sainte, quelquefois de centaines de lieues, pour être brûlés sur le gath sacrosaint Manmen-Kâ, au centre de la ligne des quais de Bénarès. »

C'est entendu : voir Bénarès et puis mourir !

En Europe, les amateurs de vastes panoramas en disent autant de Naples. Mais, au fait : le voyageur que nous venons de citer déclare que, grâce à la largeur du Gange et à quelques particularités du site, Bénarès a un faux air de ressemblance avec l'ancienne capitale du royaume des Deux-Siciles.

DANS L'INDO-CHINE

———

I

LES CHASSEURS D'ÉLÉPHANTS

L'INDO-CHINE nous présente des populations de civilisations très anciennes — comme au Cambodge et à Siam, en contact avec les sauvages du Laos et de la Birmanie : Moïs, Karians, etc., — en contact surtout avec les hôtes des forêts et des marécages, nombreux encore dans une région de l'Asie relativement peu habitée.

Il y a beaucoup d'éléphants dans l'Indo-Chine ; notre compatriote Henri Mouhot en a vu des troupeaux considérables dans le Laos, qui est situé au nord du royaume de Siam.

Dans les grandes chasses royales qui se font encore dans les forêts et dans les jungles d'Ajuthia, l'ancienne capitale de Siam, des centaines de ces animaux sont parfois capturés en une seule battue. Il est vrai de dire qu'ils n'y vivent pas tout à fait à l'état sauvage, mais dans cette demi-liberté des chevaux de la Camargue et des buffles des Marais Pontins ; ils sont la propriété du souverain.

Au Cambdoge, dans la Basse-Cochinchine, l'Annam et le Tonkin, l'éléphant est domestique, et dans l'Annam il est même dressé pour la guerre.

Un voyageur, M. Dutreuil de Rhins, qui vient de rencontrer une fin tragique dans le

Thibet, a été témoin à Hué des exercices exécutés par une troupe de ces éléphants.

Attiré par de nombreuses détonations, il
aperçut sur le glacis de la citadelle qui sert de
champ de manœuvres de grosses masses
noires se mouvant au milieu de la fumée de
la poudre. Il se hâta de traverser le fleuve
pour assister de plus près aux exercices des
éléphants.

Il y avait là une vingtaine de ces animaux,
dont trois ou quatre d'une taille gigantesque ;
l'un d'eux devait être fort et méchant, car il
était chargé de grosses chaînes.

Voici comment le voyageur décrit ces exercices :

« Sur le dos des éléphants, les soldats annamites agitent des lances et des petits drapeaux ;
d'autres troupes de soldats vêtus de leurs cos-
tumes de théâtre courent derrière eux et les
excitent. Ils s'avancent sur deux lignes, contre
un premier rang de pieux et de palissades dé-
fendu par d'énormes mannequins armés de
piques et de fusils de bois. Derrière les mannequins, des soldats déchargent en l'air leurs
fusils, tirent des pétards et se sauvent, car les
éléphants arrivent rapidement faisant trembler

le sol sous leurs pas. A travers les nuages de
poudre et de poussière, on les voit broyer les
palissades ou les faire voler en l'air avec les
mannequins. Les tams-tams, les cris des soldats et des éléphants, mêlés au bruit des
détonations, font un charivari épouvantable.
Les éléphants renversent ainsi successivement
deux ou trois lignes d'obstacles, et l'exer-
cice se termine par une petite fête en leur
honneur; on les fait tourner en rond, toutes
les troupes rangées autour d'eux, et on leur
donne une sérénade, après quoi les cornacs
les emmènent, et les soldats ramassent les
vaincus. »

Selon ce voyageur, ces éléphants très utiles
pour le transport de l'artillerie ou des bagages,
surtout dans les montagnes, ne tiendraient pas
devant nos armes. Ces rudes colosses, ainsi
que le dit M. Mouhot, sont à plusieurs égards
d'une timidité extraordinaire. « Ils ont des
nerfs de jolies femmes; il leur faut longtemps
pour s'habituer sans trembler à la vue d'un
cheval, et à la détonation d'une arme à feu. »
Ajoutons que le chien ne leur est pas moins
antipathique que le cheval, peut-être parce
qu'ils voient presque toujours ces animaux

dans la compagnie de l'homme, c'est-à-dire du chasseur.

Dans toute l'Indo-Chine, on se livre à la chasse de l'éléphant, soit pour s'emparer d'eux vivants, en vue de les réduire à l'état domestique, soit pour avoir leur chair et l'ivoire de leurs défenses, soit enfin pour les détruire, lorsqu'ils viennent par troupes ravager les champs de riz, au temps de la récolte.

Les indigènes les capturent par des moyens qui varient beaucoup suivant les localités. Le plus curieux de ces moyens, pratiqué dans tout l'Extrême-Orient, consiste à amener des troupes entières d'éléphants dans une vaste enceinte que l'on prépare en se servant de poteaux massifs profondément enfoncés dans la terre, et assez éloignés l'un de l'autre pour qu'un homme puisse passer entre eux. On laisse à l'intérieur quelques gros arbres pour y attacher les animaux ; autour de ces arbres, le sol est débarrassé des arbustes et des broussailles. A l'extérieur, au contraire, sont conservés les fourrés nécessaires pour masquer l'entrée de l'enceinte. Cet endroit ainsi disposé est appelé kraal par les Siamois, et ce nom lui est conservé, croyonsnous, dans toute l'Indo-Chine.

C'est là, dans le kraal, qu'il s'agit d'amener les éléphants sauvages, grâce aux mouvements stratégiques des chasseurs, ou plutôt des rabatteurs.

Pour atteindre leur but, ceux-ci doivent parfois décrire un cercle de plusieurs lieues, afin d'englober un ou plusieurs troupeaux d'éléphants. Il s'agit pour eux de faire preuve d'infiniment d'adresse et de patience, car, à la moindre alerte, les éléphants se mettent hors de voie, et jamais ces animaux ne reviennent à l'endroit où ils ont pris l'alarme. Il faut pourtant que les chasseurs les acheminent douce-ment dans la direction du kraal.

Ils doivent se placer sous le vent et entre-tenir à leurs pieds une éponge humide; sans cela l'odorat subtil des éléphants aurait bien-tôt éventé leur présence. Les chasseurs avan-cent donc avec toutes sortes de précautions, en rétrécissant leur cercle.

Par moments, ils chuchotent tout bas ou sifflottent entre leurs dents, tout en se dissi-mulant avec soin.

Au bruit qu'ils font intentionnellement les éléphants se rapprochent les uns des autres, dressent leurs trompes et leurs oreilles du

côté d'où leur vient un motif de s'inquiéter.
Ce n'est que rassurés par un silence complet
qu'ils reprennent confiance ; alors ils se re-
mettent paisiblement, les uns à brouter les
feuilles des arbres, les autres à s'éventer avec
les branches ; quelques-uns s'ébattent gaie-
ment dans la poussière ; néanmoins, instinc-
tivement, tous s'éloignent de l'endroit suspect,
se rapprochant, sans s'en douter, du kraal où
la captivité les attend.

Les rabatteurs doivent répéter bien des fois
leurs manœuvres pendant plusieurs jours et
plusieurs nuits. Ils sont relayés par les chasseurs d'une seconde ligne, campés assez loin
en arrière, et qui ne sont astreints à aucune
précaution.

Enfin, les éléphants pénètrent dans le sentier
étroit — le couloir — qui mène au kraal. Le
plus difficile est fait. A l'aide de certains éléphants privés on parviendra à les faire entrer
dans l'enceinte même ; alors on introduira
parmi eux d'autres éléphants domestiques
pour les apprivoiser. Les animaux dont on se
sert à cette fin sont montés par des dompteurs
habiles, qui, se laissant glisser sans être vus
sous le ventre des éléphants sauvages, leur

passent rapidement autour d'une des jambes de derrière un large nœud coulant préparé à l'extrémité d'un câble de rotin. Cela fait, le dompteur tire sur le câble et s'esquive promptement pour aller répéter la même opération dangereuse sur un autre animal.

C'est encore avec l'aide des éléphants domestiques qu'on parvient à attacher aux arbres conservés dans l'enceinte les éléphants que l'on a réussi à embarrasser d'un lien.

Dans certains kraals, il y a une seconde enceinte intérieure dans laquelle on fait pénétrer, après les avoir séparés de leurs compagnons, les éléphants les plus beaux, en laissant aux dédaignés la liberté de retourner dans la jungle.

L'expédition est terminée. On comprend qu'il ne s'agit ici que d'une chasse faite avec de grandes ressources et un nombreux personnel. Par exemple, lorsque c'est le souverain d'un de ces petits royaumes barbares échelonnés le long du Mékong qui l'ordonne, en imitation des chasses royales du Siam. A Ajuthia, Henri Mouhot a été témoin d'une grande battue de ce genre et il n'y a rien à ses yeux d'aussi émouvant que ce spectacle. « A

Cette chasse est extrêmement dangereuse... (Page 66.)

celui qui n'a jamais assisté qu'à une chasse d'Europe, dit-il, qui n'a jamais vu fuir devant les cris, les cors, les chiens et les chevaux, que le gibier timide et chétif de nos forêts rabougries, rien ne donnera jamais l'idée de cette scène. Il pourra bien s'imaginer, dans un espace étroit, une lieue carrée peut-être, aux trois quarts submergée par l'inondation, deux ou trois cents éléphants, divisés en autant de troupeaux que le sol présente d'îlots ou de massifs d'arbres, et mis tout à coup en éveil par des bruits discords, s'élevant de trois côtés de l'horizon. Il pourra se les représenter, au fur et à mesure que le cercle de menaces se resserre autour d'eux, reculant peu à peu et se concentrant enfin en une seule masse énorme, qui bientôt, folle de terreur, s'élance tout entière sur les pas des femelles privées, dans la seule direction où ne retentissent ni détonations d'armes à feu, ni clameurs humaines, ni vibrations de tam-tam.

« Oui, l'imagination et le savoir aidant, il pourra graver dans son cerveau une image plus ou moins colorée de ces choses; mais le sol ébranlé sous les pieds de ces colosses effarouchés, mais les taillis, les cépées, les

futaies même disparaissant écrasés sous leurs
flancs, mais le clapotis et le remous des eaux
soulevées par leur passage, qui lui en rendra
jamais les saisissants effets ! Pour leur trouver
des termes de comparaison, il faut avoir éprouvé
la commotion d'un tremblement de terre, avoir
suivi la course d'une trombe, avoir contemplé
face à face une grande marée d'automne. »

Avec des moyens plus modestes, une tribu
de sauvages, Stiengs ou Bannars, une troupe
de chasseurs Laotiens, réussissent parfois à
amener plusieurs éléphants dans une clairière
de leurs forêts, destinée, grâce à de grossières
palissades, à remplir l'objet du kraal. Cela ne
se fait pas toujours sans peine et sans danger.
Ils allument des feux, renferment les éléphants
dans un cercle de flamme ; ils s'élancent d'em-
buscades préparées en poussant de grands cris,
en agitant des drapeaux rouges. Alors, ou les
éléphants affolés, haletants, épuisés, se pressent
les uns contre les autres et entrelacent leurs
trmopes comme pour se demander un mutuel
secours, ou, rendus furieux, chacun s'ouvre
un chemin à travers ses adversaires, passant
sur leurs corps pour s'échapper.

Si encore les chasseurs réussissent à les

pousser jusque vers le lieu où les attendent des éléphants dressés à ces sortes de chasses, la journée ne se finit pas toujours sans incident dramatique. Il n'est pas rare de voir un vigoureux éléphant sauvage dresser sa trompe en l'air, pousser des cris aigus comme une fanfare de défi, et charger au grand trot le premier éléphant apprivoisé qui se présente à lui. Les défenses des deux combattants s'entrechoquent, ils luttent tête contre tête, et, si la bête sauvage est la plus forte, elle passe à un autre adversaire qui, frappé d'un coup de tête dans le flanc, s'en va rouler les quatre pieds en l'air.

Le docteur Harmand a raconté comment, dans le Laos, on prend les éléphants au moyen de câbles à nœuds coulants dissimulés sous les hautes herbes. C'est beaucoup plus primitif que ce qui précède.

Il y a des façons moins nobles de chasser l'éléphant; telle est celle pratiquée par les sauvages Moïs, voisins de nos possessions de la Basse-Cochinchine.

Deux chasseurs, dont un à cheval, partent pour cette chasse en emportant pour toute arme un couperet de vingt et quelques centi-

mètres de longueur, dont le tranchant est ai-
guisé comme celui d'un rasoir. Cette arme
demeure entre les mains du plus adroit des
deux ; quant à l'autre chasseur, il n'a à s'occu-
per que du cheval.

Lorsqu'ils aperçoivent un éléphant et qu'après
avoir jugé de sa force sur son apparence ils se
décident à l'attaquer, le Moïs armé du couperet monte en croupe du cavalier, et le cheval
est dirigé de façon à passer derrière le pachyderme. Ordinairement, avec un peu d'adresse,
cette manœuvre réussit. L'éléphant observe les
chasseurs sans trop s'émouvoir, se préparant à
riposter à toute attaque ; mais, au moment où le
cheval l'atteint presque, le chasseur monté en
croupe se laisse glisser à terre. Traîtreusement,
d'un coup rapide de son arme, il tranche au-
dessus du talon le tendon d'une jambe de derrière du malheureux éléphant. Le coupe-jarret
— car c'en est un — reprend lestement sa position sur le cheval et les chasseurs se mettent
aussi vite que possible hors de la portée de
l'animal rendu furieux.

L'éléphant ainsi blessé se traîne avec difficulté à travers la jungle, perdant ses forces,
et devient dès ce moment une proie assurée.

Aussi les chasseurs vont-ils, pleins d'orgueil,
annoncer leur succès à la tribu. Les sauvages
guerriers sont bientôt en mouvement pour
aller traquer la bête, la cribler de leurs flèches.
L'éléphant, n'étant plus en état de fuir ni de se
défendre, ne tarde pas à succomber sous les
attaques de ses nombreux agresseurs. C'est de
la viande en abondance ; naturellement, les
défenses appartiennent aux premiers chasseurs,
qui ont couru de grands risques.

On conçoit en effet que cette chasse soit extrêmement dangereuse, car, si l'animal atteint par
le couperet n'est pas sérieusement blessé, il est
d'humeur et de force à broyer ses adversaires.

Rarement les voyageurs Européens ont à
engager une lutte avec les éléphants qu'ils
rencontrent sur leur chemin. Les vieux éléphants qui vivent en solitaires se montrent seuls
de mauvaise composition ; mais que, dans une
éclaircie de forêt, ou au bord d'un marécage,
un groupe d'éléphants conduit par quelque gigantesque mâle intercepte le passage, un Annamite prudent retiendra toujours le voyageur
prêt à se servir de ses armes à feu, sachant
bien que, si l'on blessait ou l'on tuait l'un de
ces animaux, les autres deviendraient furieux

et redoutables. Il suffit de décharger son fusil en l'air pour voir les colosses s'arrêter étonnés sur une même ligne, faire brusquement volte-face et opérer leur retraite.

Les flèches empoisonnées des sauvages Moïs servent à éclaircir les troupes trop nombreuses d'éléphants qui se présentent dans les districts cultivés, où ils sont redoutés pour leurs ravages, car ils ont bientôt fait de réduire à rien les ré-coltes sur pied de riz, de pois, de maïs et de canne à sucre.

II

LE SINGE RIEUR ET LE SINGE LUTTEUR

Buffon est loin d'avoir classé tous les genres de singes qui existent dans les régions intertropicales. L'Indo-Chine en offre plusieurs que l'on chercherait en vain dans les ouvrages encyclopédiques, à côté des orangs, des guenons, des gibbons, des macaques et des mandrills. On les connaît par les rapports, peut-être très exagérés, faits par les indigènes aux explorateurs. Ces naïfs sauvages doivent bien se moquer de nous quelquefois.

Quoi qu'il en soit, nous présentons à nos lecteurs, d'après les notes d'un voyageur, dont la véracité ne peut pas être suspectée, deux singes de grande taille, aux mœurs bizarres s'il en fût : le singe rieur, ou *Lu-huoï*, et le

singe lutteur, ou *Thu vac*, habitant tous les
deux les hautes forêts du Cambodge.

Le singe rieur, malgré son nom engageant,
est extrêmement dangereux. Il a près de cinq
pieds de haut, et il est horrible à voir avec les
crocs énormes qui garnissent sa bouche, ses
petits yeux sanguinolents et son poil roux.
L'orang-outang de Bornéo, terreur des Dayacks,
et qui d'un coup de pied éventre un homme ou
lui brise la poitrine, n'est pas plus effrayant
d'aspect.

Mais les Cambodgiens se vantent, — est-ce
hâblerie ? — de venir à bout de cette vilaine
bête, si originale dans sa façon d'aborder
l'homme.

Chaque fois, en effet, que le Lu-huoï aperçoit un indigène, il court sur lui et lui saisit
les poignets. Sa vigueur lui permet de main-
tenir sa prise, quelque résistance qu'on lui
oppose ; et le malheureux ainsi capturé se
trouve tout à fait à la discrétion du repoussant
animal. Le singe le sait si bien qu'aussitôt
qu'il tient sa victime, il est pris, dans sa joie,
d'un rire formidable ; sa bouche s'ouvre démesurément ; un rictus effroyable couvre sa face
de plis, au milieu desquels ses yeux dispa-

raissent; son émotion le paralyse, et cela dure une minute ou deux.

Si la victime ne profite pas du court moment où son dangereux agresseur perd une partie de ses forces, si elle ne parvient pas à retirer ses poignets des étaux velus qui les enserrent, le singe rieur, dès qu'il est calmé, se met à déchirer sa proie avec ses dents et à lui labourer le corps avec les griffes de ses pieds libres. Il n'y a pas de quoi rire pour celui qui est ainsi attaqué et qui, — bien entendu, s'il n'y a pas exagération, — doit passer un mauvais quart d'heure.

Dans les montagnes de Pursate, entre le grand lac de Cambodge et le golfe de Siam, se trouvent des tribus moins civilisées que les Cambodgiens de la plaine, et qui ne sont autres que des Khmers montagnards. Ces montagnards ayant connaissance des pratiques du singe rieur se munissent, pour courir les forêts, de tuyaux de bambou de 30 à 40 centimètres de longueur, suffisamment gros pour les passer aux poignets comme des manchettes; de sorte que, lorsqu'ils rencontrent un de ces quadrumanes si singuliers, ils lui abandonnent leurs bras sans trop de résistance. Le singe,

Il ne tient que les deux fragments de bambou... (Page 72.)

croyant les avoir à sa discrétion, s'esclaffe de
rire ; mais il ne tient que les deux fragments
de bambou ; il s'en aperçoit assez tôt, lorsque,
revenu de son immense joie et rouvrant les
yeux, il ne voit plus personne devant lui : le
montagnard a saisi le moment favorable pour
se dégager et se mettre hors d'atteinte.

Les plus hardis parmi les indigènes, une fois
délivrés, mettent, s'il se peut, à profit l'exces-
sive confiance de l'animal, qui se croit assuré
de la victoire, et, tandis qu'il rit encore, ils
lui passent à travers le corps quelque lame
bien acérée ou lui plantent dans la poitrine la
pointe d'une courte lance.

La saison des pluies a pris fin, et les montagnards sont en mouvement pour la cueillette
du bois d'aigle : ce bois, disons-le en passant,
est précieux entre tous, à ce point que certains sujets Annamites du roi de Siam sont
reçus à acquitter leurs impôts de capitation en
en fournissant une certaine quantité. On ne
brûle le bois d'aigle que dans les palais et les
pagodes bouddhistes, où il remplace l'encens.
Il a une forte odeur aromatique. On l'emploie
à Siam pour l'incinération du corps des
princes et des hauts dignitaires défunts.

Nos indigènes sont donc répandus dans la forêt, ils mesurent de l'œil les arbres, ils les inspectent attentivement, ils les auscultent.

Dans toute troupe d'hommes, il y en a au moins un qui est le point de mire des plaisanteries générales. Parmi les montagnards que nous suivons, le « plastron » est un boiteux au visage finement dessiné, au nez mince, au front large, au regard assuré. Il est vêtu, comme les autres, d'un simple langouti de cotonnade enroulé autour de ses reins et de ses cuisses.

Tout à coup, d'un bouquet de tecks, arbres droits, élancés, à larges feuilles, avec des panicules de fleurs blanches, s'élance un singe d'un aspect tout aussi peu rassurant que le singe que nous avons présenté tantôt à nos lecteurs. C'est un *Thu vac*, ou lutteur, et les indigènes le reconnaissent bien, car aucun d'eux ne s'émeut de son intrusion.

L'animal, très haut de taille et vigoureusement musclé, s'avance d'un air farouche, à la recherche d'un adversaire digne de lui. On dirait un lutteur de foire fièrement campé sur ses hanches, et jetant un défi aux assistants.

On fait cercle, et quelqu'un pousse, devant

le *Thu vac*, le boiteux. L'énorme bête, avec
une rare adresse, saisit à bras le corps son par-
tenaire, et le secoue vigoureusement. Celui-
ci s'arc-boute et résiste désespérément; mais
c'est en vain, et bientôt il tombe au milieu
des applaudissements ironiques de ses compagnons.

Le singe alors, très en train, promène ses
regards triomphants autour de lui, et sa gri-
mace convulsive et interrogative semble dire :
— A qui le tour? Chacun se refusant avec
un empressement remarquable à renouveler
l'épreuve, le quadrumane s'éloigne philosophi-
quement, boitant comme celui qu'il vient **de**
vaincre, et disparaît bientôt au plus épais des
fourrés, tandis que le montagnard qu'il **a**
« tombé » se relève passablement meurtri.

On dit que si, par malheur, un homme ainsi
attaqué, ignore les habitudes du singe lutteur,
essaye de lui résister, l'animal entre dans un
accès de rage et est capable de frapper et de
déchirer des dents et des ongles jusqu'à ce que
la mort s'en suive.

Nous serions curieux de voir ces singes
rieurs et lutteurs aux prises avec les animaux
féroces des forêts : la panthère, par exemple,

qui poursuit jusqu'à la cime des arbres les singes et les autres animaux dont elle se nourrit.

Nous ne saurions quitter le Cambodge, sans faire connaître mieux que par quelques traits insuffisants un peuple qui est notre voisin de la Cochinchine française et qui, de plus, est placé sous notre protectorat. Nous empruntons à M. Élisée Reclus quelques notions qu'il a fort habilement résumées d'après MM. Lemire, Morice, Mondière et Buchard. « Tous les voyageurs, remarque-t-il, s'accordent à dire que les Cambodgiens sont lents, apathiques, mais patients, durs à la peine et au fond beaucoup plus sérieux que leurs voisins Siamois ou Annamites ; c'est aux mœurs produites par l'esclavage que l'on doit attribuer la grande infériorité actuelle des Cambodgiens. Dans la Cochinchine et le Siam, on craint leur esprit vindicatif et même on leur attribue souvent le mauvais œil. Leurs pratiques religieuses ne sont pas de pures formalités comme celles de la plupart des Indo-Chinois ; le mariage est plus respecté que chez les Annamites : l'opinion publique condamne tout homme qui, arrivé à un certain âge, n'est ni bonze ni marié. Quoique les Anna-

mites, en leur qualité de conquérants, affectent
de mépriser les Khmers, ceux-ci, qui parlent
avec orgueil du Maha nocor, ou « Grand
royaume », de leurs ancêtres, considèrent les
Cochinchinois comme appartenant à une race
inférieure, et rarement une Cambodgienne
prend un Annamite pour mari ; presque tous
les métis sont d'origine cambodgienne par le
père, annamite par la mère. Les Khmers ont la
prédilection de la musique, du chant, de la
poésie : en voguant sur le fleuve, les matelots
chantent d'une voix sonore ; sur les barques
des mandarins résonnent les tambourins, l'har-
monica, le flageolet. Les Cambodgiens ont
beaucoup plus de goût que les Annamites pour
la construction des maisons et des bateaux.
Sur le Tonlé sap (le grand lac du Cambodge),
on reconnaît immédiatement la nationalité des
bateliers à l'aspect de leurs barques.

« De même que dans le pays de Siam, les
fils des riches sont élevés dans les pagodes sous
la direction des talapoins : ils doivent se pré-
parer à la vie par la récitation des prières et
des sentences pieuses : ils sont moines avant de
devenir hommes. Les riches ont la coutume de
garder les morts dans leurs demeures pen-

dant plusieurs mois avant de les brûler ; il en est même qui enterrent provisoirement les cadavres, mais pour en réduire les ossements par le feu quelques années après. Quant aux pauvres, ils brûlent leurs morts immédiatement après le décès ; le temps de conservation des cadavres se mesure à la richesse des familles.

Le roi est toujours le « souverain maître de la vie et des biens » de tout son peuple. Il choisit à son gré les mandarins, sans les faire passer par une série d'examens littéraires, et les convoque deux fois par an pour leur faire boire l'eau du serment dans laquelle baigne la sainte épée ; des gardes à la fois soldats et prêtres se succèdent jour et nuit devant le glaive, psalmodiant sans interruption des formules de prière. La justice, exercée par des magistrats qui se payent eux-mêmes par des amendes et les redevances qu'ils infligent aux plaideurs, est vendue au plus offrant ; le commerce, monopole royal, se loue à d'âpres fermiers chinois ; ainsi s'explique la paresse reprochée aux Khmers du royaume. On comprend que, sous un pareil régime, la race cambodgienne, malgré toutes ses qualités natives, ait singulièrement déchu.

L'esclavage n'est pas aboli ; mais, depuis 1877, il est devenu moins lourd, si ce n'est pour les serviteurs des pagodes ; les esclaves reçoivent un salaire journalier qui peut aider à leur libération ; ils ne sont plus considérés comme esclaves à vie et rentrent dans la condition des « engagés », serviteurs de leurs créanciers jusqu'à parfait acquittement de la dette. Quand aux esclaves de l'État, qui descendent pour la plupart des condamnés politiques, ils ne doivent que trois mois de service au roi ou au mandarin ; pendant le reste de l'année, ils sont libres d'aller et de venir, de cultiver le sol et de trafiquer à leur profit. Au Cambodge, la propriété individuelle n'existe pas : toutes les terres sont des biens communaux que les habitants cultivent à titre de colons partiaires. »

III

UN DRAME SUR UNE ILE FLOTTANTE
LES ÉMOTIONS D'UNE CHASSE AU BABIROUSSA

ICHARD Temple, de la maison Williams
et Logan, de Londres, est aussi connu,
de Rangoun à Mandalé, pour ses exploits cyné-
gétiques, qu'il est estimé — ou haï — comme
représentant à Prome d'une très grande maison anglaise. Richard Temple achète les plus
beaux riz et les plus beaux tabacs des fertiles
campagnes de Prome ; il envoie des agents
dans toute la Birmanie pour y acheter des bois
de teck et d'autres bois de construction et d'a-
meublement, des gommes et des épices. En
retour, les meilleurs produits des industries
européennes circulent sur le chemin de fer de
Rangoun à Prome, à l'adresse de Richard

Temple. — Par parenthèse, l'activité commerciale des Anglais s'exerçait déjà dans l'ouest de l'Indo-Chine, bien avant que nous eussions songé à nous établir au sud de cette péninsule et à conquérir dans l'est, par le Tonkin, cette route vers le Yunnan que les Anglais cherchent de leur côté au nord de leurs possessions.

La réputation de Richard Temple comme commerçant est de meilleur aloi que la réputation qu'il s'est acquise comme chasseur, non qu'il soit mauvais tireur, mais parce que son « rifle » ne respecte rien, — pas même les dauphins qui remontent le cours de l'Irraouaddy, le grand fleuve birman ; aussi les indigènes lui donnent-ils le nom de « meurtrier », tout comme aux simples pêcheurs établis sur les bords de l'Irraouaddy, du Sittang et de la Salouen.

Le plus grand divertissement du négociant anglais est de descendre en bateau jusqu'au littoral et d'éprouver son adresse au détriment d'une jolie espèce d'alcyon dont le plumage est bleu céleste. Brillant sport ! Les sceptiques assurent que c'est surtout pour trafiquer de ces belles plumes bleues dont les mandarins chinois aiment à orner leurs robes...

Quoi qu'il en soit, l'ambition de M. Temple était de capturer un couple de jeunes babiroussas pour l'envoyer au Jardin zoologique de Londres ; il apercevait de loin — de très loin — avec un frémissement de bonheur, l'écriteau suspendu à la grille de l'enclos où seraient parquées ses bêtes : « *Babiroussas ou cochons-cerfs, mâle et femelle, donnés par Richard Temple, esq.* [1] ». Quel beau rêve !

Après en avoir ajourné à plusieurs reprises la réalisation, notre Anglais se mit un jour en campagne accompagné d'un indigène et d'un Italien, échappés récemment l'un et l'autre de Mandalé dans de bien singulières circonstances.

On sait que Mandalé, ville datant d'hier — et qu'un violent incendie a détruite en partie il y a quelques années — est la capitale où s'est retiré le roi de Birmanie pour fuir l'odieux voisinage des Anglais. La cité du « Seigneur au Parasol d'or », formant un vaste carré, est bâtie au milieu de rizières, à une lieue des rives ombreuses de l'Irraouaddy, sillonné par les steamers britanniques. Pour

----

[1] *Esq.*, abréviation de *Esquire*, écuyer, titre honorifique.

lui assurer davantage son caractère de refuge,
les premières pierres des murs de l'enceinte
reposent sur plus de cinquante victimes humaines, « pierres vives » qui ont la puissance
d'écarter les mauvais esprits — y compris les
Anglais. — C'est du reste généralement ainsi
que procèdent les architectes birmans, toujours
doublés d'un astrologue.

Or, il y a quatre ans, il arriva je ne sais
quel accident à un réservoir d'huile sacrée, et
l'astrologue de la cour demanda comme répa-
ration le sacrifice de cent hommes et cent
femmes, de cent garçons et cent filles, de cent
soldats et cent étrangers — Chinois, Armé-
niens, Italiens, Français, Grecs, etc. — C'était
beaucoup trop exiger en une seule fois ; aussi
fut-ce dans la capitale un sauve-qui-peut général. Un Italien, originaire de Bergame, et un
Manipour fugitifs coururent jusqu'à Prome —
quelque chose comme une centaine de lieues
— où Richard Temple les accueillit très bien
lorsqu'ils se donnèrent pour d'intrépides chasseurs.

L'Italien promit tout un « troupeau » de
cochons-cerfs.

— Je ne vous dis rien plus, master Richard,

répétait-il, vous verrez que je ne suis pas un... J'ai oublié le mot.

Le Manipour, de son côté, payant d'audace, assurait qu'il connaissait un endroit où les babiroussas étaient « innombrables comme les pagodes de Pagan » — où il y en a un millier : c'est un proverbe commun en Birmanie. Ces Manipours sont véritablement les Auvergnats de la Birmanie : gagne-deniers, ils se chargent des travaux les plus rudes et les plus rebutants ; marchands ambulants, on les rencontre sur des chemins difficiles, conduisant des buffles ou des chevaux chargés des menus produits de l'industrie locale.

L'occasion attendue par notre Anglais se présentait enfin. Il la saisit avec empressement. Il serait dit que Richard Temple esq. figurerait parmi les généreux donateurs du Jardin zoologique de Londres !

On partit quelques jours après. L'Italien, qui avait réussi à capter la confiance du défiant Anglais, avançait, transformé en un formidable arsenal vivant ; le Manipour dirigeait la marche d'un buffle chargé des objets de campement et des vivres. Nos chasseurs se proposaient de suivre le cours de l'Irraouaddy

en aval de Prome. Là, le fleuve coule large-
ment au milieu de collines boisées, où poussent
l'arbre à vernis, l'arbre à l'huile, où le pal-
mier-palmyre ouvre ses éventails de feuilles ;
parallèlement à son cours, s'allonge la ligne
du chemin de fer qui va de Prome à Rangoun;
au milieu des collines plus hautes du deuxième
plan, se trouvent de nombreuses mines de sel
et sources salines, qui ne sont plus guère
exploitées.

Le second jour, nos chasseurs furent désa-
gréablement surpris par une invasion de rats.
Les fruits leur manquant dans les montagnes
du pays des Chans et des Karians, ces animaux descendaient des hautes terres en une
armée innombrable, détruisant tout ce qui se
trouvait sur leur passage. C'est en vain que
Richard Temple et ses hommes prirent position en arrière d'une petite rivière : la rivière
fut traversée en bon ordre par les audacieux
rongeurs, et ils vinrent attaquer les chasseurs.
Pour ne pas voir les approvisionnements et le
buffle dévorés par eux, pour ne pas devenir
eux-mêmes la proie des rats, il fallut que, durant plus de trois heures l'Anglais et ses auxi-
liaires dirigeassent un feu meurtrier sur cette

hideuse troupe velue, dont le flot roux, un peu
effrayé par les détonations successives des
carabines, se partageait tumultueusement pour
couler à leur droite et à leur gauche et se rejoignait derrière eux, non sans quelque velléité
de retour. Terrible moment à passer, avec la
perspective d'être mangé vivant. Quelle plus
horrible chose que de s'en aller lambeau de
chair par lambeau de chair, entraîné par ce
torrent grouillant et dévorant...

Ce fut la première émotion de cette partie
de chasse dans la région du grand fleuve birman. Ce ne devait pas être la seule... Le babiroussa valait bien cela !

Mais quel est donc ce quadrupède qui sti-
mulait l'ardeur de notre Anglais au point de
lui faire braver toutes sortes de dangers ?

C'est un bien singulier pachyderme, en vérité ! Il a quelque chose du cerf, quelque chose
du rhinocéros, quelque chose du cochon et
aussi du sanglier par son groin mobile à bord
calleux et débordant la lèvre supérieure ; du
cerf, il possède presque la taille. Sa peau dure,
rugueuse, parsemée de plis au cou et à la face
comme celle du rhinocéros, est couverte d'un
poil court, rare, et tirant sur le roux. Son

corps arrondi légèrement vers la panse lui
permet de se tenir facilement sur l'eau et de
franchir, non seulement des fleuves, mais des
bras de mer. C'est ainsi qu'il va d'une île à
l'autre dans la Malaisie qui est son véritable
séjour : à Bornéo, à Java, aux Célèbes, dans
les petites îles de Bourou, de Xoulli, de
Mangli, et dans la presqu'île de Ménado.

Ce qui le caractérise, ce sont quatre défenses
recourbées en bel ivoire. Deux de ces défenses
appartiennent à la mâchoire inférieure, elles
sont minces, pointues et longues ; les deux
autres, les défenses supérieures, sont plus
fortes et plus courtes ; elles croissent de bas en
haut, sortent par les orbites osseuses, de chaque
côté de la hure, et s'infléchissent en arrière,
formant ainsi un demi-cercle jusqu'au-dessus
des yeux et rasant le revêtement de l'os fron-
tal. Les défenses des vieux mâles atteignent
quelquefois 25 centimètres ; rarement elles
sont entières.

Valentyn et d'autres voyageurs prétendent
que le babiroussa a l'habitude de se suspendre
par ses défenses à quelque branche d'arbre
pour se mettre à l'abri des animaux qui lui
font la chasse, et afin de s'assurer un sommeil

Sans se laisser intimider... (Page 93.)

tranquille : ils ont oublié en faisant cette sup-
position que la femelle ne possède pas de défenses supérieures.

Ces pachydermes vivent dans les marécages,
se cachent dans les bois où ils vont chercher
leur nourriture, qui se compose d'herbes, de
feuilles, de racines et de fruits sauvages tom-
bés des arbres ; on les rencontre par petits
troupeaux de quinze à vingt dans les immenses
forêts qui couvrent le pied des montagnes dans
les Célèbes.

Pris jeunes, les petits s'apprivoisent assez
facilement. Ils s'habituent à leurs maîtres, les
suivent et leur témoignent même un certain
attachement. Les premiers spécimens de babiroussas parvenus en France provenaient de
l'archipel Malais.

A.-E. Brehm raconte que le gouverneur
hollandais des Moluques, Marcus, fit présent
aux naturalistes français Quoy et Gaimard,
lors de leur voyage autour du monde, d'un
couple de babiroussas. Ils étaient passablement apprivoisés, la femelle moins que le
mâle. Ainsi, quand on voulut prendre les
dimensions de celui-ci, elle vint par derrière
mordre les vêtements de ceux qui procédaient

à cette opération. Ces animaux se montraient fort sensibles au froid, ils tremblaient continuellement, se tenaient l'un contre l'autre et, même en été, ils se cachaient sous la paille. Malheureusement ces deux animaux ne vécurent pas longtemps : le climat les tua. Comme les porcs, ils aimaient beaucoup les pommes de terre et la farine délayée dans l'eau.

Depuis, on a vu d'autres babiroussas en France et en Angleterre ; mais ce sont toujours de très grandes raretés dans les jardins zoologiques.

. Voilà pourquoi Richard Temple se montrait si désireux de faire à ses compatriotes la surprise d'un couple de babiroussas venus de *leur* Birmanie.

L'idéal était de mettre en fuite une troupe de babiroussas adultes et de s'emparer des « jeunes ». La chose semblait se présenter comme M. Temple l'avait souhaité.

Au bord du fleuve, dans un terrain marécageux, envahi par de grandes herbes et des arbustes épineux, le Manipour flaira la piste de plusieurs de ces animaux. L'Anglais se porta en avant avec trop d'ardeur ; l'Italien le

suivait avec toute la vitesse que lui permettait
son attirail guerrier, pas fâché peut-être
de demeurer un peu en arrière, car le babiroussa possède de terribles défenses ; le Manipour cherchait encore un passage pour son
buffle, que M. Temple se trouvait déjà à plus
d'une portée de fusil. Mais l'Anglais s'était
enfin arrêté et, la carabine à la main, immo-
bile, suspendant sa respiration, son regard
fouillait un bouquet de petits arbres au tronc
noueux et aux feuilles épaisses en forme de
raquettes. Tout à coup il entend la voix de
l'Italien.

— Nous sommes perdus!

M. Temple se retourne, voit le Bergamasque gesticuler, et, flegmatique :

— Bien ! vous m'avez fait peur, dit-il, et
vous me dérangez...

— Il ne s'agit plus de vos cochons plus ou
moins cerfs, master Richard, nous naviguons
sur un radeau !

C'était vrai.

Les rives des lacs qui viennent se déverser
dans l'Irraouaddy sont couvertes d'arbustes à
racines chevelues qui s'enchevêtrent étroite-
ment.

Les inondations, en minant le sol, finissent par détacher de vastes blocs de terre, de limon et de racines consolidés par la végétation. Les chasseurs s'étaient engagés, sans s'en apercevoir, sur un de ces îlots flottants, qui venait justement de se mettre en mouvement et descendait le cours de l'eau.

La situation tournait au tragique ; c'était la deuxième forte émotion de cette chasse au babiroussa, pour l'Italien du moins, car l'Anglais impassible ne montrait pas qu'il eût conscience du danger que l'on courait.

— Il doit pourtant y avoir là une bête, fit-il, en désignant le bouquet d'arbres noueux.

Il ne se trompait pas : un superbe babiroussa apparut, féroce, menaçant. Ordinairement le babiroussa évite l'homme ; mais, quand il se voit serré de près, il se défend avec courage ; les oreilles dressées, ses petits yeux noirs dénués de cils, hagards, les narines dilatées, il pousse des grognements prolongés et se prépare à fondre à coups de boutoir sur son ennemi pour le détruire ou se frayer un passage ; une femelle est capable de défendre ses marcassins avec fureur, et sa mort seule peut mettre fin à la lutte.

A la vue du babiroussa, l'Anglais recula de deux pas et assura sa position. D'un coup d'œil, il vit « l'arsenal » gisant éparpillé à terre : le citoyen de Bergame, se glissant jusqu'aux dernières herbes, appelait à son secours le Manipour demeuré seul sur la rive.

Entre temps, un dialogue s'établissait de loin entre l'Anglais et l'Italien.

— Hâo ! je tiens un babiroussa au bout de mon rifle.

— Ah ! j'aurais autant aimé être mangé hier par les rats !

— Bien ! vous ne risqueriez pas de vous laisser noyer tout à l'heure.

— J'aurais mieux fait de me laisser égorger à Mandalé.

— Il y a longtemps que vous seriez mort.

Tout à coup l'Italien poussa un cri perçant.

— Au secours, master Richard !

— Bien ! Certainement ! Mais pas avant d'avoir déchargé ma carabine.

Quel était ce nouveau danger ? Devant l'Italien, et le rejetant tout au bord de l'eau, un énorme boa enroulait de ses replis tortueux le tronc d'un arbre mort.

Chacun des deux chasseurs avait donc

trouvé un adversaire qui le clouait sur place :
l'Italien, en reculant, rencontrait le fleuve,
et l'Anglais ne pouvait pas davantage faire
retraite. Tirer et manquer son babiroussa,
c'était s'exposer à engager une lutte corps à
corps avec le redoutable pachyderme.

Le Bergamasque mesurait d'un œil éperdu
le terrible ophidien ; il devait avoir de huit à
dix mètres de long ; son ventre, gros comme la
cuisse d'un homme, était marqué de taches
grises, blanches jaunâtres, rouges, et une
longue raie noire s'étendait sur son dos.

— Si je meurs, cria le pauvre homme ter-
rifié, vous donnerez de mes nouvelles au pays.

— Fort bien ! je vous le promets, mon garçon... si le babiroussa ne m'ouvre pas la poitrine.

Le monstrueux ophidien se balançait, prêt
à s'élancer.

Soudain le Manipour surgit, portant entre
ses dents son *dah* — un couteau aussi long
qu'un sabre ; — il venait de traverser le fleuve
à la nage. Il s'avança vers le boa, qui darda
sur lui sa langue extensible et fourchue. Avec
ses yeux enflammés, sa gueule démesurément
ouverte, il était effrayant ; mais, sans se laisser

épouvanter ou fasciner, le Manipour, saisissant son dah d'une main assurée, en déchargea sur le boa un coup terrible qui lui trancha la tête d'un seul coup. Alors le corps du serpent, se détachant de l'arbre par un mouvement où la vie subsistait encore, vint s'enrouler comme un ressort autour de l'Italien qui poussa un cri, ferma les yeux et se crut mort.

En ce moment Richard Temple, un peu troublé par ce cri, lâchait successivement les deux coups de son rifle. Au premier coup, le babiroussa blessé fondit sur lui ; la deuxième balle l'étendit raide mort aux pieds du chasseur.

— C'est un mâle, observa le Manipour, survenant armé de son dah.

— Je m'en suis aperçu du reste à ses quatre défenses...

— Très belles... pas cassées...

— Il faut lui couper la tête, commanda l'Anglais.

Je l'enverrai au Muséum, bien préparée... Et il murmura en soupirant : — On mettra sur un écriteau — plus petit — le nom du donateur...

Richard Temple, esq...

— Comment dites-vous, master ?

— Coupez toujours !

Le Bergamasque, tout pâle, rejoignait ses compagnons : il avait réussi à se dégager de l'étreinte de l'ophidien.

— La chair est bonne aussi, observa-t-il pour dire quelque chose. Mais à quoi servirait-il de le faire cuire maintenant que nous allons périr ?

— Non... pas faire cuire, dit le Manipour en secouant la tête, le jeter à l'eau. Les esprits de l'eau, très gourmands, nous feront aborder bien vite.

— Bien ! fit l'Anglais indifférent.

Le Manipour avait dit vrai.

A peine le corps décapité du babiroussa disparaissait-il dans le fleuve que le radeau de racines et d'arbustes sembla dirigé vers la rive par une volonté puissante. Un instant après les chasseurs prenaient pied. Il s'agissait de retrouver le buffle laissé fort loin en amont.

Le Bergamasque ne fut pas le dernier à sauter à terre.

— Et nos munitions ? demanda Richard Temple à ce dernier, qui s'était un peu allégé,

et qui ne répondit qu'en désignant du geste
l'îlot flottant. Mal équilibré, il commençait à
se désagréger et semblait près de sombrer.

— C'était le reste de notre poudre, observa
l'Anglais, nous avons tant tiré sur les rats,
hier...

— Voulez-vous me permettre d'ouvrir res-
pectueusement un avis? dit le Bergamasque.
Si nous retournions à Prome ?

— Hâo! il le faut bien! fit Richard Temple
vivement contrarié.

— Oui, oui ; une autre fois nous recom-
mencerons. Les babiroussas n'ont qu'à se bien
tenir! Vous verrez! vous verrez! Je ne vous
dis rien plus...

IV

LES LOIS CRIMINELLES EN COCHINCHINE
SUPPLICE DE DEUX PIRATES AU TONKIN

Es courts récits ont conduit nos lecteurs du Gange au fleuve Rouge, c'est-à-dire de l'Inde anglaise à la Cochinchine et au Tonkin. Les Annamites qui nous sont soumis et ceux qui acceptent notre protectorat se présentent à nous comme un intéressant sujet d'étude.

Les Chinois — et par surcroît les Annamites — nous traitent de barbares ; nous le leur rendons bien. Est-ce avec plus de justice? Pour moi, ce n'est nullement douteux. Ce qui semble, en effet, caractériser la barbarie d'un peuple, — ce peuple eût-il des palais, des objets d'art, des étoffes de luxe, des armes perfectionnées, eût-il enfin inventé la poudre avant nous, — c'est le mépris de la vie humaine.

Dans l'Indo-Chine aussi bien qu'en Chine, ce mépris est dans les lois qui répriment; il est aussi dans les mœurs, et l'on peut dire sans exagération que le criminel montre presque autant d'indifférence sur la peine qui lui est appliquée, que le juge et le bourreau montrent de dureté de cœur dans l'accomplissement de leur tâche.

Le peu d'effet que produit le châtiment est certainement l'une des causes des raffinements dans les supplices. — « Ah! la mort n'est rien ? a dû se dire le juge ou le législateur, en voyant le condamné hausser les épaules; eh bien! je la rendrai si cruelle que je la ferai redouter! » Explique cela qui voudra; cette race d'hommes qui vit familiarisée avec le sabre et le rotin ne se montre nullement héroïque sur les champs de batailles...

Il n'y a rien d'exagéré dans ce que nous avançons. Nombre de témoignages concordent à représenter les condamnés à mort, coupables ou innocents, comme montrant devant les supplices un stoïcisme surprenant, qu'on ne saurait admirer toutefois; car on n'aperçoit point

Une exécution en Cochinchine. (Page 109.)

l'idée dont il s'inspire. Est-ce mépris de la mort? Est-ce un parfait dédain de la vie? On ne sait.

Des femmes s'en vont au supplice en ne cessant jusqu'au moment suprême d'agiter un éventail devant leur visage, par contenance peut-être, mais bien plutôt par défi. D'autres meurent sans pousser un seul cri. De tout jeunes gens même savent souffrir la mort avec une égale indifférence.

— Donne-moi cinq ligatures de bonne monnaie, disait un bourreau à son patient qu'il savait riche, et j'abattrai ta tête d'un seul coup de sabre.

— Coupe-la en cent fois si tu veux, répondit le condamné, pourvu que tu la coupes cela ne suffit-il pas?

En Cochinchine — il est bien entendu qu'il ne s'agit pas de la Cochinchine française régie d'après notre Code, — en Cochinchine, il existe cinq sortes de peines : le rotin, le bâton, les fers, l'exil, la mort.

Le rotin ou la cadouille est l'instrument de la répression immédiate ; le grand ressort de l'administration et de l'armée ; le nerf moteur, et, comme on l'a dit, « le grand sympathique »

de tout le système annamite ; il ne connaît ni
rang, ni âge. Le chef de troupe le plus in-
fime tient un rotin flexible à la main pour
ranimer le zèle de ses subordonnés. Le sol-
dat d'escorte porte un rotin en sautoir et s'en
sert quand il s'agit d'écarter la foule sur le
passage d'un prince ou d'un mandarin. Les
lettrés administrent la cadouille par procuration, mais la reçoivent docilement sur leur
propre dos. Enfin, depuis le roi qui donne la
cadouille — sans la recevoir, — jusqu'à
l'homme du peuple lui-même, s'il est revêtu
dans son village de la moindre autorité, tous
ces débonnaires Annamites sont toujours prêts
à s'incliner devant le bon plaisir de quiconque
a droit de tenir un rotin à la main. Cela se
fait sans autre forme de procès et ne tire pas
à conséquence.

Le bâton est employé pour les délits plus
graves et après jugement. On en administre
de cinquante à cent coups.

Les coupables condamnés aux fers et aux
travaux forcés expient leur crime à la frontière
de leurs provinces, où ils sont employés pour
le service des voyageurs et à de rudes travaux.
Une chaîne passée à leur cou est fixée aux

pieds par des anneaux pour prévenir les éva-
sions ; quelquefois cette chaîne accouple deux
compagnons de misères.

L'exil comprend trois degrés : le premier
est subi dans le royaume même, — c'est une
sorte d'internement, — le second à la frontière,
— le troisième hors du royaume, où les condamnés sont conduits en troupes, chargés
d'une lourde cangue.

Le glaive et la corde sont les instruments
de mort ordinaires ; la décapitation et la stran-
gulation constituent ainsi deux degrés de la
peine capitale.

Telles sont les peines édictées par le code
annamite. Jusque-là, rien de bien terrible ;
mais, au-dessus de ces peines, de cruels supplices sont réservés aux crimes exceptionnels ;
telle est la mort lente, parmi les supplices, le
plus horrible.

Elle est appliquée lorsqu'il s'agit de châtier
une atteinte à l'autorité royale, une tentative
d'insurrection, les crimes réputés sacrilèges
par les rites et qui appellent un châtiment sur-
passant tous les autres ; la punition doit poursuivre le coupable même au-delà de la tombe.
Pour ce grand criminel, point de sépulture :

sa tête décollée, placée au bout d'une pique, sera promenée dans les rues afin que chacun puisse la contempler, trembler et redouter le châtiment; ses membres épars pourriront, çà et là, abandonnés comme ceux des animaux immondes; aucun des siens ne revêtira, à l'occasion de sa mort, les vêtements blancs, signe de deuil; le prêtre de Phat n'offrira point de sacrifices pour appeler sur lui la protection des esprits; l'Ibis blanc ne quittera pas la terre pour lui porter le vin et le riz dont il aura besoin au cours de son long voyage. Son aïeul paternel, son père, ses fils, ses frères, son grand'père maternel, son beau-père, ses oncles et ses neveux, ses gendres s'il en a, et même ceux qui habitaient sous son toit, seront décapités, et cela « sans qu'aucune circonstance, dit le code annamite, puisse donner lieu à une commutation de peine ». Vieillards, nobles, princes du sang ou gens du peuple, subiront la peine de mort. Les enfants âgés de plus de seize ans seront également exécutés. Au-dessous de cet âge, déchus de leur rang et devenus esclaves, ils seront donnés comme tels aux mandarins les plus méritants.

Ainsi, toute une famille, fût-elle composée

de cent personnes, périra pour satisfaire à
d'atroces instincts. Coupables et innocents
seront également frappés. Cela n'étonne, cela
n'émeut, cela ne révolte personne ; les victimes
atteintes trouvent la chose toute naturelle et
tendent le cou sans murmurer, tant est puissante sur les mœurs l'influence de la législa-
tion barbare qui a régi l'Annam jusqu'à ce jour.
Une loi aussi inexorable atteignait à Rome
tous les esclaves d'une maison, lorsque l'un
d'eux avait tué le maître ; c'était odieux et profondément inhumain ; encore ne s'agissait-il
que d'esclaves.

Quant à l'indulgence relative dont jouit l'en-
fance d'après le code annamite, certains faits
semblent en faire douter. M. Brossard de Cor-
bigny, lieutenant de vaisseau, attaché à la
mission diplomatique de 1875, raconte que,
quelques années avant son voyage en Cochinchine, un complot dirigé contre Tu-Duc,
échoua au moment de réussir. Les coupables
dont on s'empara furent immédiatement mis à
mort ; nombre de leurs parents subirent le
même sort, et des enfants à la mamelle ne
furent pas épargnés.

Par un raffinement de cruauté, on garda en

prison le dernier des fils d'un des coupables
pour l'exécuter lorsqu'il aurait atteint l'âge
de raison, afin qu'il pût bien comprendre la
faute commise par son père. Ce serait le cas
de dire, si la plaisanterie n'avait ici mauvaise
grâce, qu'on voulait, en le faisant mourir, lui
apprendre à vivre en loyal sujet.

Après cela, il est presque superflu d'ajou-
ter qu'en toutes circonstances semblables
ceux qui, ayant eu connaissance du crime, ont
aidé le coupable à se cacher, ou n'ont pas
prévenu l'autorité, sont aussi décapités sans
miséricorde.

Avec de telles dispositions légales et extra-
légales, on pense bien que les garanties offertes
aux accusés par le tribunal annamite ne sont
guère rassurantes. Qu'il n'y ait point de place
pour un défenseur devant ce tribunal, cela se
devine ; mais on ne se ferait jamais une idée de
la façon dont l'accusé paraît devant son juge.

Le docteur Harmand nous le montre tiré de
l'infecte prison où il a pourri sur la paille,
maintenu par des ceps dans une position into-
lérable, sans repos, sans sommeil possible.
« Arrive enfin le jour du jugement, où l'attend
un interrogatoire subtil, inexorable, et dans

lequel on lui arrachera un aveu par la torture,
le moyen habituel d'investigation de cette pro-
cédure barbare. Sur le plus vague indice, puni
avant d'être coupable, l'infortuné est conduit
devant son juge ; et là, étendu sur le sol, les
quatre membres fixés à de solides piquets, le
visage dans la poussière, le cou tendu, les
veines gonflées, il doit répondre dans cette
terrible posture aux questions qui lui sont
posées. A ses côtés, un sicaire armé d'un
rotin flexible, se tient prêt, sur un signe, à
accélérer le triomphe de la vérité. Le patient,
se refuse-t-il à avouer sa faute et son crime,
une atroce douleur l'avertit de ne pas abuser
de l'interrogatoire. Persiste-t-il dans ses déné-
gations, calme et insensible ? Le mandarin
lève un doigt et donne ainsi le signal de la
torture. Alors, d'un mouvement lent et mesuré,
la baguette se lève pour retomber en sifflant
et tracer un sillon sanglant dans les chairs.
Chaque coup, compté à haute voix par le bourreau impassible, en enlève un lambeau. Au
bout de peu d'instants, le patient, s'il n'est pas
de fer, ne peut supporter d'aussi atroces souf-
frances ; et, coupable ou innocent, avoue tout
ce qu'on veut lui faire avouer. »

Le correspondant d'un journal de Paris qui a vu naguère une prison annamite au Tonkin, en a fait la description suivante : « Ils sont là une centaine de malheureux, hâves, décharnés, l'œil éteint, l'air résigné, étendus sur la terre nue, serrés les uns contre les autres. Chacun d'eux a un pied pris dans un trou percé dans une pièce de bois.

« Il y en a de tout âge, des gamins à côté de vieillards, des têtes de bandits à côté de physionomies douces. Ce sont des voleurs, des pirates, des fauteurs de délits. »

Le même correspondant a vu dans cette prison deux condamnés à mort qui devaient subir leur peine quelques heures plus tard. C'étaient des pirates : un jeune homme d'une trentaine d'années et un vieillard. Le vieux avait tenté de se suicider à l'aide d'un fragment de porcelaine ; il s'était ouvert la gorge. On put l'arrêter dans sa tentative ; mais sa plaie était horrible. Deux hommes le tenaient par la tête et les pieds, et depuis le matin il agonisait.

Quand on fit sortir de prison les deux condamnés pour les conduire au lieu du supplice, le narrateur suivit le cortège, avec un de ses

amis. En tête se trouvait le porteur de la sen-
tence écrite sur un morceau de bois. Deux
hommes venaient ensuite portant un maillet et
les pieux auxquels sont attachés les condamnés au moment de l'exécution. Les deux bou-
reaux, la tête couverte d'un petit chapeau en
bambou tigré en forme d'entonnoir, noué par
les brides, le sabre nu à la main, conduisaient
le jeune pirate ; quant au vieux, presque mort,
la tête livide, on l'avait placé dans un panier
que deux hommes portaient· suspendu à un
bambou.

Comme à toutes les exécutions capitales, un
général annamite suivait en palanquin, ample-
ment vêtu de sa longue robe, coiffé de son
turban noir, et à sa bouche la cigarette qu'il
retirait de temps en temps pour lancer un jet de
salive rougeâtre ou pour remplacer sa chique
de bétel. Sur son visage aux yeux glauques
et aux pommettes saillantes, on pouvait lire
l'expression de la plus complète indifférence.

Le cortège arriva dans la plaine jaunâtre,
couverte de sable, qui est le champ des exécutions. Chose remarquable et qui indiquait
combien sont fréquents ces lugubres spec-
tacles, aucune foule ne suivait.

Les hommes de l'escorte demeurèrent sur la route : le champ était désert. Seuls les coupeurs de têtes se trouvaient en face de leurs « sujets », et dans cette plaine, sous les rayons brûlants d'un soleil torride, le narrateur assista à l'horrible boucherie qu'il décrit ainsi :

Le plus jeune est saisi le premier et attaché à l'un des pieux. Un coup de sabre tombe sur sa nuque. On croit la tête séparée du tronc. Point. « Une entaille effrayante s'ouvre sur le cou. Deux filets de sang coulent à terre. La tête du supplicié se porte en avant. Voyant l'inutilité de son premier coup, le bourreau lève de nouveau son sabre, mais il ne frappe pas sur l'entaille précédente : une nouvelle plaie béante sillonne le cou. La tête reste toujours adhérente au tronc, penchée un peu plus en avant, mais le sabre n'a pu résister à cette seconde opération : il est tordu tout ruisselant de sang.

« Le bourreau, interdit, le regarde, ne sachant comment continuer son œuvre ; puis, pris d'une inspiration, soudain il le frappe à coups redoublés. Le corps, sous cette action violente, est secoué ; la tête à moitié détachée a des ba-

lancements hideux. Le sang coule à flots maintenant et se répand sur les épaules du patient.

« Avec une impassibilité effrayante, le jus-
ticier se remet à son œuvre sinistre.

L'autre condamné était mort lorsqu'on l'at-
tacha au pieu. Il passa néanmoins *par le sabre*
du bourreau.

Tout était fini, le haut dignitaire annamite
offrit très gracieusement aux journalistes français des cigarettes tirées d'une boîte que tout
mandarin fait porter partout derrière lui.

Il semblait très satisfait de son personnage,
et pensait, sans doute, avoir donné à des « barbares » une haute idée de la justice de son
pays.

Ce qui précède nous fait voir dans nos nou-
veaux sujets de l'Extrême-Orient, des gens
ayant tout à gagner à accepter notre domination, avec nos lois. Ils sont lents à s'en con-
vaincre, difficiles à persuader; mais c'est peut-
être qu'ils ont plus d'énergie et de vitalité que
les populations molles et énervées de l'Inde
britannique.

FIN

TABLE DES MATIÈRES

—